松下啓一・倉根悠紀 著

若者参画条例の提案

若者が活き活きと活動するまちをつくるために

萌書房

はじめに

　近年，若者政策は，ある種のブームのようになり始めたが，若者政策は，単に，若者に自治体の政策形成やまちづくりに参画してもらって，自治体や地域を元気にしようというレベルにとどまる話ではない。少子化や超高齢化が急速に進む私たちの社会の持続可能性に密接に関係しており，また他者の考え方や思いにも価値を認め，その良いところを止揚して，より良いものを実現していこうという私たちの民主主義そのものにも関わるテーマである。

　したがって，若者政策の展開は，若者個人の責任と対応に委ねるだけでは十分ではなく，社会全体において，きちんと制度的裏付けを持つ政策として取り組むことが必要で，その中においても，地域を基盤とする地方自治体が果たすべき役割は大きいものがあるというのが，本書の問題意識である。

　そこで，若者政策の意義を考え，その具体化として，「若者が自治体の政策形成及びまちづくりに積極的に参画し，闊達に意見を述べ，活き活きと活動することを促進する条例（試案）」（以下，若者参画条例）を提案するのが，本書の目的である。

　本書の全体像であるが，主たる目的は，若者参画条例の提案である。ただ，その前提として，

　第1章では，若者問題の所在を明らかにし，若者政策全体を対象に，その必要性を論じている。若者政策の具体化の1つが若者参画条例である。

　第2章は，世界の若者政策，国の若者政策，そして自治体の若者政策の概要と現状を論じている。彼我を比較すると，日本の政策的対応の遅れが際立ち，早急な措置の必要性が明らかになったと思う。

　第3章は，若者政策のうち，自治体における若者参画政策に絞って，その動向や取り組み事例を紹介した。全体としては，現時点における自治体の取り組みはわずかであるが，その中で先行的な取り組みを行っている事例をできる限り詳細に紹介した。

i

第4章は，若者参画条例の基礎理論である。背景や必要性，条例とする意味，制度の設計思想，若者参画政策の内容を紹介している。

　第5章では，若者参画条例の試案を考えてみた。ここでは，想定される条文に沿って，条例化にあたって考慮すべき事項やヒントを紹介した。

　第6章は，若者参画条例をつくり上げるという観点から，その策定プロセスを紹介するものである。政策形成プロセスに沿って，検討すべき事項等を具体的に示している。

　自治体若者政策の構築を考え始めたのは，2000年以降，全国で自治基本条例をつくる作業に関わる中においてであるが，若者参画政策をテーマに本を書こうと考えたのは，2013年度に神奈川県市町村研修センターで，神奈川県下の自治体職員と共同研究を始めたことが直接の契機である。その当時は，どこの自治体においても，若者参画政策に関する問題意識も取り組み事例も，ほとんどなかったが，研究員全員で大いに考え，大いに議論し，報告書をつくり上げた。本書も，その研究成果を大いに参考にさせてもらったが，その研究成果の活用を快く承諾していただいた神奈川県市町村研修センターには感謝申し上げたい。

　本書は，私と座間市役所倉根悠紀君との共著となった。本書は，もともとは，私が単独で書き始めたが，勤務校である相模女子大学を定年退職する年が間近になり，きわめて繁忙になった。そこで，倉根君に，第1章と第2章のチェックをお願いしたが，倉根君とすると，私の記述に飽き足らなかったのだろう，自ら全面的に書き直して提案してくれた。

　それを見ると，私の記述よりもずっと深まっていること，何よりも倉根君のような若者が新たなキャリアを切り開くきっかけになればと考えて，第1章と第2章については，倉根君の論考を基礎に書き改めることにした。これらの章における私の役割は，本書の読者を想定して，生硬な表現を改め，分かりやすさに配慮するという観点から，論述の組み立て変更や追加，表現の校正を行うこととした。

本書をきっかけに，全国の自治体で若者政策の議論と実践が始まることを期待したい。

2018年5月

松 下 啓 一

目　　次

はじめに

第1章　若者問題の所在──なぜ若者政策を考えるのか ……………………… 3

1　若者の変化──自立の難化 ………………………………………………… 4

(1)　自己形成的自立の困難性／(2)　経済的自立の困難性／(3)　社会
的自立の困難性

2　なぜ今若者政策なのか ……………………………………………………… 24

(1)　自立の難化に立ち向かう──政策的対応の意義／(2)　シルバーデ
モクラシーを越えて／(3)　地域の活性化への期待

第2章　若者政策の体系──世界・国・自治体の若者政策を踏まえて ……… 31

1　世界の若者政策 ……………………………………………………………… 31

(1)　EU に見る若者の社会参画について／(2)　スウェーデンにおけ
る若者政策／(3)　その他の注目すべき取り組み／(4)　世界の若者政
策から学ぶこと

2　国の政策 ……………………………………………………………………… 40

(1)　日本の若者──世界との比較／(2)　子ども・若者育成支援推進法

3　地方版総合戦略と若者政策 ………………………………………………… 53

(1)　地方版総合戦略／(2)　地方版総合戦略と若者──神奈川県と秋田
県の対比で

4　若者政策の体系 ……………………………………………………………… 60

(1)　若者政策の全体像／(2)　若者政策の体系化

v

第3章　自治体における若者参画政策の現状 ……………………… 67

1　神奈川県内自治体アンケート調査から ……………………… 67

⑴　若者の意見を政策に反映させる必要性について／⑵　総合計画における若者の社会参画に関する記載の有無について／⑶　総合計画制定に関わる審議会委員の若者枠について／⑷　総合計画制定に関わる審議会委員の全体人数，若者の人数，平均年齢について／⑸　神奈川県内の現状分析（まとめ）

2　先行事例 ……………………………………………………… 72

⑴　愛知県新城市——若者参画政策に体系的に取り組む／⑵　山形県遊佐町——若者参画政策に先駆的に取り組む／⑶　相模原市南区——住民が若者参画政策を提案する／⑷　金沢市——学生のまちづくり参画と実践

第4章　若者参画条例の基礎理論 …………………………………… 97

1　若者参画条例の背景——なぜ若者参画なのか ……………… 97

⑴　人口減少・少子超高齢時代と若者／⑵　18歳選挙権の追い風／⑶　地域活性化と若者参画

2　政策形式としての条例 ………………………………………100

⑴　条例であることの積極的意義／⑵　関連条例／⑶　基本条例としての性格

3　制度の設計思想 ………………………………………………107

⑴　基本理念／⑵　制度設計の理論

4　若者参画政策の内容 …………………………………………111

⑴　政策の方向性／⑵　若者参画政策の手法

第5章　若者参画条例（試案）………………………………………113

1　条例の名称 ……………………………………………………113

2　前文 ……………………………………………………………114

3　目的 ……………………………………………………………116

4 基本となる用語 ……………………………………………………119

5 基本理念 ………………………………………………………125

6 関係者とその役割 …………………………………………127

　⑴　若者／⑵　市民／⑶　市／⑷　地域活動団体／⑸　民間非営利
　公益活動団体／⑹　企業・事業者／⑺　学校

7 推進計画 ………………………………………………………135

8 憲章 ……………………………………………………………137

9 広報及び啓発 …………………………………………………139

10 学習及び人材育成 …………………………………………141

11 相談 ……………………………………………………………142

12 情報の発信及び共有 ………………………………………142

13 自治体政策への参画 ………………………………………144

14 財政的な支援措置 …………………………………………147

15 活動拠点の整備等 …………………………………………150

16 表彰・顕彰 ……………………………………………………151

17 若者組織の設立 ……………………………………………153

18 自主的な活動の機会，場づくり …………………………154

19 推進会議 ………………………………………………………155

20 推進体制・組織づくり ……………………………………156

21 評価 ……………………………………………………………158

22 見直し …………………………………………………………158

23 委任 ……………………………………………………………159

第6章　若者参画条例のつくり方……………………………………161

　1　条例制定プロセス ……………………………………………161

　　⑴　政策形成プロセス──3つのステージ／⑵　デュープロセス

　2　政策課題の設定 ………………………………………………162

　　⑴　アジェンダ設定の難しさ／⑵　どのように乗り越えるか

　3　スケジュール設定・管理……………………………………165

　4　現状の調査・把握 ……………………………………………166

　　⑴　調査事項／⑵　先進事例／⑶　実態・実情の調査／⑷　既存法
　　令との関係

　5　資源の調達 ……………………………………………………170

　　⑴　動く仕組みを持つ条例とする／⑵　活動する若者がいるのか

　6　調整・合意 ……………………………………………………170

　　⑴　全庁的な取り組み／⑵　議会の意向／⑶　行動予算の確保

　7　デュープロセス ………………………………………………171

　　⑴　行政だけでつくらない／⑵　関心のない人も関心を喚起するよ
　　うな条例づくり

＊

関連条例 ………………………………………………………………173

　○新城市若者条例　173

　○新城市若者議会条例　　176

　○金沢市における学生のまちの推進に関する条例　　177

若者参画条例の提案
──若者が活き活きと活動するまちをつくるために──

第1章　若者問題の所在
——なぜ若者政策を考えるのか

　若者が大人になっていく過程には，おおよそ以下の3つの段階に分けること
ができる。

① 　自己形成的自立：日常生活の基本的な習慣を学び，セルフコントロール
　できるようになる段階

② 　経済的自立：保護者から独立した生活基盤を築く段階，多くの場合は就
　職

③ 　社会的自立：社会の一員として社会で起きるものごとに関心を持ち，参
　加する段階

　この3つの段階をまとめて移行期と呼ぶことがあるが，今日ではこの移行期
を上手く通過できない若者が目立つようになった。移行期の各段階が基本的に
スムーズに進んでいるならば，国や自治体の若者政策における対象は，非行や
障がいを持つ者など，特に困難を抱える者でよかったが，その前提が崩れてき
ており，それ以外のいわゆる普通の若者も政策対象とせざるをえない状況にな
っている。つまり，若者問題の深化と広がりに対応した若者政策の再構築が必
要となっているということである。これが本書の基本的な問題意識である。

　そこで，まず本章では，若者問題の現状の確認を行いたい。若者が置かれて
いる状況やその変化を「自立の難化」と捉え，その難化の状況を若者の自己形
成的自立，経済的自立，社会的自立の3つの場面から考えることとする。

1　若者の変化——自立の難化

(1)　自己形成的自立の困難性

　自己形成的自立とは，社会生活に適応できる心理面や人格面での自立を言う。家庭等で基本的な生活習慣や規範意識を学び，学校等の環境に対処していく中で習得される。しかし，今日では，社会状況等が変化する中で，若者の自己形成的自立が困難な状況が生まれている。

ア　家族の変化

　家族は，最も小さなコミュニティであり，人が最初に出会うコミュニティでもある。多くの人が，家族内において生活の基礎や習慣を学び，それを学校，地域等における出会いや関係を通して，擦り合わせ，調整しながら，自己形成的自立を図っていく。したがって，最初のコミュニティである家族を取り巻く環境の変化によって，若者の人格形成は大きな影響を受けることになる。

●核家族化

　18歳未満の子を持つ世帯数は，総数が減少しているとともに，いわゆる核家族世帯が増加している（図表1-1）。図表中で，核家族は，「ひとり親と未婚の子のみの世帯」と「夫婦と未婚の子のみの世帯」に当たるが，この両者を合算した世帯数を核家族の割合として折れ線グラフで示した。

　これを見ると，核家族の割合は，1995年（平成7年）頃を境に増加し，その後の10年で，10％以上も増加している。核家族の増加は，戦後，特に高度経済成長期頃からの傾向とする一般的な見方があるが，図表1-1に示したデータから見ると，むしろ家族の形態は，長期的に安定していた可能性があり[1]，近年になって，急速に核家族化が進んだと考えることができる。

●共働き世帯の増加

　世帯構成の変化だけでなく，共働き世帯の増加という点からも家族は変化し

---

1)　広井多鶴子「核家族化は「家庭の教育機能」を低下させたか」明治安田生活福祉研究所『生活福祉研究』通巻第57号，2006年。核家族化が戦後の基調であるとする見解を統計的に示すことは難しく，また核家族化が子の教育において悪影響を与えるという客観的資料も乏しいとしている。なお同論文が依拠しているのは主に平成12年（2000年）頃までのデータで，図表1-1に示したように，丁度その時期以後に子を持つ世帯の核家族割合は増加している。

図表1-1 世帯構造別児童のいる世帯数

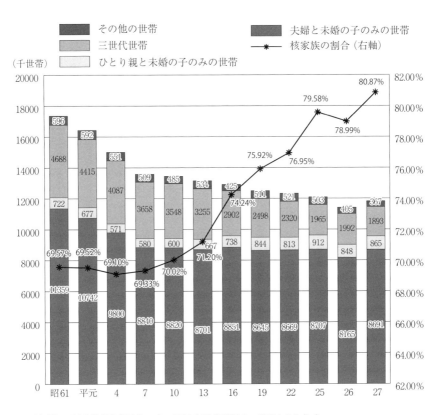

（資料）　厚生労働省「平成27年　国民生活基礎調査の概況」より作成。

ている。

　図表1-2は，専業主婦世帯数と共働き世帯数の推移を示したものであるが，90年代後半から共働き世帯の方が多くなり，2000年代以降はその差が広がり続けている。

　先の図表1-1と併せて考えると，18歳未満の若者は，2000年頃以前の若者と比べた場合，核家族の共働き世帯で育つ割合が多く，そして自身の婚姻後も核家族を形成し，共働き世帯として生活するケースが多いと予想される。若者

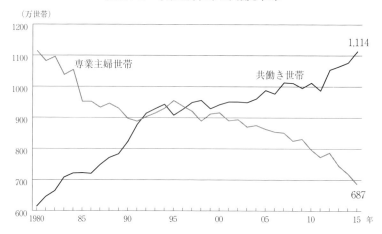

図表1-2　専業主婦世帯と共働き世帯

(注)　1.「専業主婦世帯」は，夫が非農林業雇用者で妻が非就業者（非労働力人口および完全失業者）の世帯。
　　　2.「共働き世帯」は，夫婦ともに非農林業雇用者の世帯。
　　　3. 2011年は岩手県，宮城県および福島県を除く全国の結果。
(出典)　独立行政法人労働政策研究・研修機構HP。

は出生する家族と創設する家族の両面で以前とは異なる状況に置かれている。
● 家族と過ごす時間
　また，図表1-3から，育児にかける時間が夫と妻のどちらにおいても増えていることが分かる。育児は，子を含めて，家族内でのコミュニケーションとも言えるが，やはり家事労働の一環としての側面は否めず，育児時間の増加は，育児以外の形で家族と自由に過ごす時間を圧迫していると考えられる。この育児時間の増加が核家族化によるものなのかは不明だが，平成19年度版国民生活白書では，家族と過ごす時間に関して「労働時間と往復の通勤時間を足した時間が長いほど，家族と過ごす時間が減少する」[2]と指摘している。つまり，理由は判然としないが，育児にかける時間は増える傾向にある中，共働き化も相

---

　2)　内閣府「平成19年度版　国民生活白書」18頁。この分析は，平成13年の社会生活基本調査の特別集計の結果より導いている。

図表1-3　共働きか否か，行動の種類別生活時間の推移（昭和61年〜平成23年）

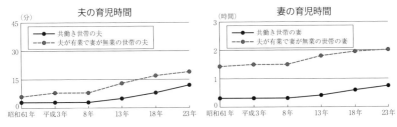

（注）　週全体，夫婦と子どもの世帯の夫・妻。
（出典）　総務省統計局「平成23年社会生活基本調査　調査の結果　結果の概要」。

まって家族と過ごせる時間は減少しており，時間の圧迫が強まっていると言える。

以上のように，核家族化の進展，共働き化，家族で過ごす時間の減少が進んでおり，若者の自己形成の礎を築く環境は，近年，大きく変化している。

イ　学校の変化

●学校教育の変化

家庭に次いで，人が初めて集団の中に置かれ，多くの影響を受ける場所として学校がある。教育の目的について，教育基本法第1条には，「人格の形成を目指し」と記載されているように，教育を行う学校は，知識の伝達を行う場であるとともに，社会生活の基本を学ぶ場所でもある。

しかし，学校も社会の一部であるからには，社会の変化の影響を受ける。大局的には，学校は，「訓練の場」から「自己実現の場」へと重点が移っており，「さまざまな教育問題を「心の問題」として捉え，社会的な問題から目をそらし，個人の「内面のケア」で事を解決しようとする[3]」傾向があるとの指摘がある。そこでは，若者が抱える様々な問題への対処は，カウンセリングに委ねられるべきであり，是正されるべき対象は本人とされる。これでは若者問題は，対症療法にとどまってしまい，あらゆる対応が後手に回らざるをえない。

[3) 柴野昌山編『青少年・若者の自立支援――ユースワークによる学校・地域の再生――』世界思想社，2009年，6頁。

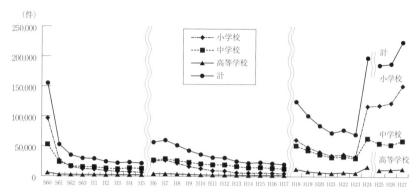

図表1-4　いじめの認知（発生）件数の推移

（出典）　文部科学省「平成27年度『児童生徒の問題行動等生徒指導上の諸問題に関する調査』（速報値）について」。

　また，学校教育期の若者に対して，行政や学校が取り組んでいた施策として，各種の団体へ参加を促す「集団参加」や有害施設の除去を行う「環境浄化」などがあったが，どちらも90年代以降，有効とは言い切れない状況となっている。前者は，子ども会といった各種の団体会員数が下げ止まらないこと，後者は少年犯罪の発生に都市部と郊外や農村部で差が見受けられないことなどによる[4]。

●いじめ問題

　具体的に，学校教育における代表的な問題として，いじめと不登校を取り上げてみたい。

　まず，いじめの認知件数の推移は，図表1-4の通りである。2006年（平成18年）度にいじめの定義の変更があったため，経年推移には断絶があるが，これを見ると，件数そのものは比較的安定した推移を見せている。ただし，局所的に動きがあり，例えば2012年（平成24年）度には急激に増加している。

　しばしば指摘されることであるが，いじめの認知件数は，社会的な注目度によって左右されるため，認知件数の推移には注意を払う必要がある。なお，い

---

[4]　田中治彦『ユースワーク・青少年教育の歴史』東洋館出版社，2015年，232頁。

じめの定義の変更には，教育の問題を「心の問題」へと還元してしまう傾向の一端が表れており，いじめは人間関係の問題というよりも当事者の受け取り方に根拠が求められる主観の話となっている。[5]

いじめ問題の詳細については，ここでは深入りすることはできないが，いじめは，なくなることはなく，今日でも学校教育の代表的課題であり続けており，少なくとも政策的効果によって明確な減少を実現できているわけではないと考えられる。

●不登校

次に，不登校に関する推移を確認したい。

図表1-5を見る限り，不登校の割合は，2001年（平成13年）頃を境にしておおよそ高止まりの状況になっている。2012年度（平成24年度）から直近の調査結果である2015年度（平成27年度）までは増加傾向にあり，2015年度（平成27年度）の不登校児童生徒数は126,009人である。図表1-5には示されていないが，高等学校では49,591人であり，割合で見ると，中学校，高等学校，小学校の順に不登校が多いようである。

不登校問題に対する政策的な対応としては，

① 自治体による支援センターの設置

② 形式的には私塾と変わらずとも一定の要件を満たすことで「出席扱い」として算定できるフリースクール

③ 不登校者のための特別な教育課程を組む不登校特例校の創設

といったものが挙げられる。

フリースクールに関しては，個々のフリースクールの尽力は別として，学校への出席でないものを「出席扱い」とする，いわば解釈替えによる統計的対処の側面がある。加えて，これらの取り組みにもかかわらず，上述のような各種の教育機関において学習の機会を得ているのは，すべての不登校児童生徒のうち1～2割程度と見られる。[6]まして，先に述べたような「心の問題」として捉

---

5) 柴野，前掲書，109-115頁。ここで指摘されているのは，いじめが主観的な問題とされるのと同時に，各種メディアにより直接「発見」「対応」されている現状から，学校が1つのアクターとしての役割を失いつつあることの問題である。

図表1-5 登校児童生徒の割合の推移（1,000人あたりの不登校児童生徒数）

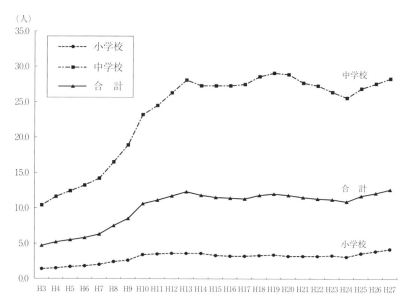

（注）　調査対象：国公私立小・中学校（平成18年度から中学校には中等教育学校前期課程を含む。）

（出典）　文部科学省「平成27年度「児童生徒の問題行動等生徒指導上の諸問題に関する調査」（速報値）について」。

える傾向が進んでいくとすれば，不登校という課題そのものが，社会の責任とは別の当人の問題として扱われていくことになる。それでは，不登校をなくす根本的施策を模索するのでなく，不登校になった児童生徒への心理療法的な事後的対応に終始してしまうことになってしまう。

　ここでは，学校教育におけるいじめと不登校を例に考えたが，自己形成の初

---

6)　後藤武俊「地方自治体における不登校児童生徒へのサポート体制の現状と課題」東北大学大学院教育学研究科『東北大学大学院教育学研究科研究年報』2016年。ここでの計算は，平成25年度の不登校児童生徒数119,617人に対して，適応指導教室または教育支援センターの利用者が14,310人，フリースクールの利用者を平均在籍人数13.2人かつ団体施設数474から6256.8人としての見積り。なお，フリースクールについては，文部科学省「小・中学校に通っていない義務教育段階の子供が通う民間の団体・施設に関する調査」を参照。

期の段階で有用な役割を果たすべき学校において，若者一人ひとりの自己形成
的自立を妨げる課題が発生していると言える。

ウ　地域の変化

●地域の揺籃機能

　若者の自己形成的自立にとって，家庭，学校に加え，地域も重要な存在である。地域には，環境学習，自然体験，集団宿泊体験，奉仕体験，スポーツ活動，芸術・伝統文化体験，ダンス等の創作的活動といった様々な体験や異世代間・地域間交流等の多様な活動の機会がある。

　地域は，様々な体験を通して，あいさつなどの基本的な生活習慣，約束を守るといった規範意識，コミュニケーション能力の醸成など，社会の一員としての常識を身につける貴重な場であり，家庭や学校では身につけることのできないルールや社会規範を学ぶ場でもある。自治会や町内会といった地縁組織[7]の活動に参加すれば，まちづくりに関わることが多いために，公共的な興味関心を養う機会ともなりうる。

　自己形成的自立にとって大事な点は，気の合う友人や家族だけでなく，自分と意見や常識が異なる人たちとコミュニケーションを取り，一定の関係性を維持し，相応の結論を導けるようにすることにある。地域における活動は，こうした多様な価値観に触れる機会でもある。

　しかし，しばしば指摘される通り，地域社会における関係も希薄になっている。

●近隣関係の希薄化

　図表1-6からは，質問内容が異なってはいるが，近隣関係が希薄化していく推移をある程度確認できる。近隣の人と「親しくつき合っている」は1975年に52.8％となっているが，2007年の「よく行き来している」は10.7％となっている。

　また，図表1-7は，2007年の調査で近隣との関係を回答した人が，生活面で協力し合う程度に親しい近隣住民がどれくらいいるかを示したものである。

　7）　その他にも，町会，区，部落会といった名称がある。表現が煩雑になるため，以降は「自治
　　　会」と表記する。

第1章　若者問題の所在――なぜ若者政策を考えるのか　　11

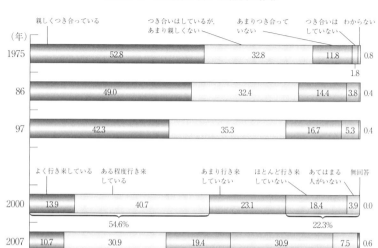

図表1-6 近所付き合いの程度の推移

(注) 1. 内閣府「社会意識に関する世論調査」(1975, 86, 97年)により作成および「国民生活選好度調査」(2000, 2007年)により特別集計。
2. 1975, 86, 97年は「あなたは, 地域での付き合いをどの程度していらっしゃいますか。この中ではどうでしょうか。」という問に対し, 回答した人の割合。2000, 2007年は「あなたは現在, 次にあげる人たち(「隣近所の人」)とどのくらい行き来していますか。(○はそれぞれ1つずつ)」という問に対し, 回答した人の割合。
3. 回答者は, 1975, 86, 97年は全国の20歳以上の者。2000年は, 全国の20歳以上70歳未満の男女。2007年は, 全国の20歳以上80歳未満の男女。
(出典)「平成19年版国民生活白書」。

「ある程度行き来している」で43.8%,「よく行き来している」でも24.7%が「0人」, つまり誰もいないと回答している。

つまり, 図表1-6, 1-7のどちらにおいても2007年の方が割合が下がっている。これらの数値をどう見るかであるが, 白書では「近隣関係によるつながりは総じて浅い」[8]とコメントしている。

図表1-7 近隣関係の頻度と深さの関係

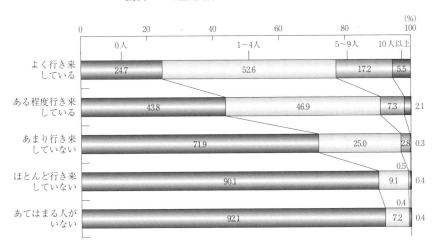

〈近隣関係の深さ（生活面で協力し合っている人数）〉

(注) 1. 内閣府「国民生活選好度調査」(2007年) により特別集計。
2.「あなたは現在，次にあげる人（「隣近所の人」）たちとどのくらい行き来していますか。（○はそれぞれ1つずつ）」という問に対して得られた回答（「よく行き来している」～「あてはまる人がいない」）別に，「互いに相談したり日用品の貸し借りをするなど，生活面で協力しあっている人」の人数を尋ね，回答した人の割合。
3. 回答者は，全国の15歳以上80歳未満の男女3,353人。

(出典) 図表1-6に同じ。

● 地域からの孤立

では，どのような人が地域から孤立化しているのだろうか。平成19年度版国民生活白書では，近隣住民との関係が希薄な人は，地域活動にも参加しない傾向があることを明らかにした上で，年齢層別のつながり状況を見ると，地域とつながりのない孤立化状態にある人の61.9％は39歳以下で占められているとしている。つまり地域からの孤立化と年齢はある程度相関していると見られ，「若年者は孤立傾向」[9]と指摘している。

また高齢者を対象とした調査でも，高齢者は若い世代との交流は少なく，若

8) 内閣府「平成19年版国民生活白書」。
9) 内閣府「平成19年版国民生活白書」。

者との交流を望んでいるとの結果もある。この面からも，若者は地域から孤立気味であると推測される。

●経路としての自治会

　平成19年版国民生活白書では，若者と地域との関係が希薄になっているデータを示す一方で，2003年（平成15年）の認可地縁団体に関する調査から，自治会への加入率そのものは変化していないとし，「地縁団体への参加率は高水準であるとの点では，30年前から現在までそれほど大きな変化がなかったと考えて良い」と結論付けている。実際に活動に参加するか否かはともかく，若者が地域と接触を持つルートは維持されているということである。

　しかし，現在ではこの点に関しても否定的な別の調査結果がある。そもそもすべての自治会のうちごく一部である認可地縁団体の状況から類推している点にも無理があるかもしれないが，日本都市センターの調査結果を参照すると，より直接的に自治会加入率は低下傾向であることが分かる。

　日本都市センターの調査では，2000年（平成12年）と2013年（平成25年）の2つの調査を比較し，「5割以下が加入」が3倍程度に増え，全員加入しているという趣旨の回答が25.4％から0.6％まで大幅な下落を見せている。このことから「2000年から現在までに地縁型住民自治組織の加入率の低下傾向があきらかになっている[10]」と指摘している。上述の，2003年の状況では加入率は維持されているという推測を受け入れるとしても，その後の調査結果では加入率の低下が示されているということである。この調査結果からは，地域社会の代表的存在である自治会も，社会参画の経路としての性格を弱めていると言える。

　加えて，自治会加入は世帯単位であることから，仮に加入率の数値自体は大きく低下していなくても，自治会活動に対する若者の関与は少なく，若者が地域社会と関わるための手段としては，自治会は有効に機能しなくなっていると言えるだろう。

エ　まとめ

　ここまで自己形成的自立に関する状況として，家族，学校，地域社会それぞ

10）　公益財団法人日本都市センター「地域コミュニティと行政の新しい関係づくり──全国812
　　都市自治体へのアンケート調査結果と取組事例から──」2014年，207頁。

図表1-8 近隣関係の頻度と深さの関係

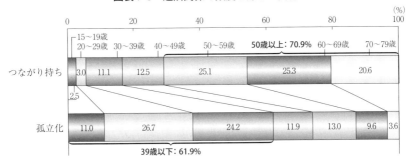

(注) 1. 内閣府「国民生活選好度調査」(2007年) により特別集計。
2. つながり持ちは，「町内会・自治会」，「その他の地縁活動」，「スポーツ・趣味・娯楽活動」，「NPOなどのボランティア・市民活動」のいずれかの地域活動に月1日以上参加し，「あなたのご近所づきあいについてお聞きします。次に挙げる項目にあてはまるご近所の方の人数をお答えください。」という問に対し，「互いに相談したり日用品を貸し借りをするなど，生活面で協力しあっている人」が1人以上いる人。孤立化は，いずれの地域活動にも参加せず，「あなたのご近所づきあいについてお聞きします。次に挙げる項目にあてはまるご近所の方の人数をお答えください。」という問に対し，「あいさつ程度の最小限のつきあいの人」が1人以上いるまたは近所付き合いがまったくない人を示す。
3. 回答者は，全国の15歳以上80歳未満の男女3,311人。
(出典) 図表1-6に同じ。

れの変化や課題を見てきた。

　家族については，そのあり方に変化が起きており，自己形成初期の環境が不安定になっている。また，地域社会において，若い世代は，他の年齢層の人たちとのコミュニケーションの機会や，世代間の意見衝突などに出会う体験がし難くなっている。比較的近い世代の人たちと関係性を築く学校においても，苦境に立たされた場合の個別的対応があるのみで，スムーズに外の社会と接続していく方途は整備されているとは言い難い。

(2) 経済的自立の困難性

　自己形成的自立が，主に保護者からの心理的自立を指すものだったのに対して，経済的自立は，自身の収入で生計を立てられる状態，つまり多くの場合，

図表1-9　年齢階級別完全失業率の推移

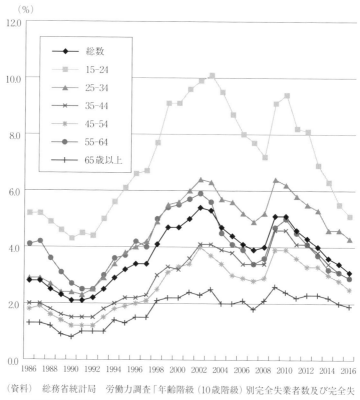

(資料)　総務省統計局　労働力調査「年齢階級(10歳階級)別完全失業者数及び完全失業率」より作成。

就労することを指す。その意味で職業的自立とも言い換えることができる。
ア　失業

　まずは経済的自立がスムーズに進んでいない状態として失業から考えてみたい。

　図表1-9は、年齢階級別の完全失業率の推移である。2000年代に入ってからは、全年齢階級のうち、15～24歳と25～34歳の値が最も高くなっている。数値の振れ方も他の世代より大きく、社会環境の変化による影響を最も直接的

図表1-10　非正規雇用者数推移と人口推移

非正規雇用者数推移（万人）

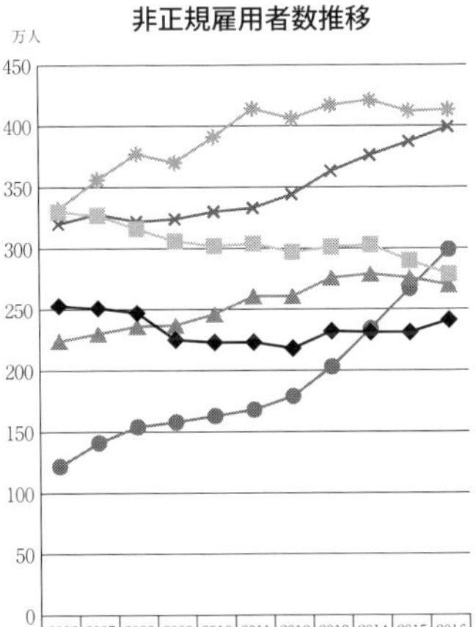

	2006	2007	2008	2009	2010	2011	2012	2013	2014	2015	2016
15-24歳	253	251	247	225	223	223	218	232	231	231	241
25-34歳	330	327	316	306	302	304	297	301	303	290	279
35-44歳	224	230	236	237	246	261	261	276	279	276	270
45-54歳	320	328	322	324	330	333	344	363	376	387	399
55-64歳	332	356	377	370	391	414	406	417	421	412	413
65歳以上	122	141	154	158	163	168	179	203	234	267	299

人口推移（千人）

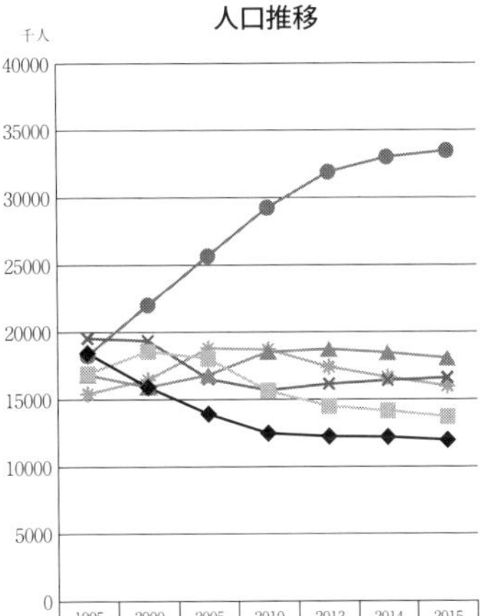

	1995	2000	2005	2010	2013	2014	2015
15-24歳	18453	15909	13919	12489	12252	12208	11976
25-34歳	16914	18567	18035	15635	14492	14144	13701
35-44歳	16828	15915	16817	18528	18727	18463	18048
45-54歳	19540	19358	16522	15677	16140	16399	16593
55-64歳	15428	16470	18880	18701	17397	16634	15970
65歳以上	18261	22006	25671	29245	31899	33000	33465

（資料）　総務省統計局「年齢5歳階級別人口」と「年齢階級，雇用形態別雇用者数」を基に作成。

に受けている世代とも言える。あるいは，他の世代の失業率の変化を少なくする調整弁のような形になってしまっているのかもしれない。

　失業のような所得に関するリスクが，高齢期だけでなく若年期にも及ぶ傾向があるならば，年金制度に代表されるような若年層から高齢層への所得移転に重点を置く現行の制度そのものが根本から再考が必要になる。

イ　非正規雇用

　次に，非正規雇用者数に目を向けると図表1-10のようになっている。

　非正規雇用数が如実に増加しているのが65歳以上であるが，この年齢層は人口そのものが増加している。45〜54歳は，非正規雇用者数の増加も目立つが，まだ人口が微増している世代である。25〜34歳は，非正規雇用が減少しているが，人口も減少している。これらに比べて，15〜24歳は，人口減少傾向にあるのに対して，非正規雇用者数はやや増加している点が興味深い。

図表1-9と併せてまとめると，完全失業率は，10代から30代前半あたりが
他の世代に比して高い水準にあり，非正規雇用者数では，近年は一貫して人口
が減少している15〜24歳で横ばいまたは増加傾向にある。完全失業率や非正
規雇用の推移だけをとっても，すべての人を対象とした支援だけでなく，特に
若い世代へ向けた社会保障制度や就労支援施策を構築していくことが望ましい
と言える。

ウ　入職経路

　仮に非正規雇用者に何らかの支援がを与えられても，正規雇用へのルートが
限定的であることに変わりはない。この点については，個々人の最初の就労が，
一度学校から離れてしまうときわめて難しい状況に置かれてしまうことが広く
知られている。いわゆる「新卒一括採用」の慣行であるが，一例として入職経
路を見てみると図表1-11のようになっている。

　これを見ると，入職経路については，新規学卒者は学校や広告が大きなウェ
イトを占めている。学校に在籍している者が学校を介して入職しているのは特
に不思議ではない。したがって，新卒以外の未就業者において，学校の割合が，
33.6％から2.8％へ大幅に下がっているのも違和感はない。

　この点に関し，図表1-11の各経路を比べてみると，新規学卒者において7.7
％である縁故が，新規学卒者以外の未就業者では23.4％になっている点に注目
したい。つまり，新規学卒者以外の未就業者において，学校の代わりに就職の
ために利用されているのは，職業安定所や民間の職業紹介所ではなく，縁故で
あると言える。学卒後の就職支援の仕組みが十分整備されていない様子がここ
からも垣間見える。学卒時にスムーズに就職先に入り，あとはその就職先での
様々な職業訓練を受けていくという流れから外れてしまった場合，正社員への
就業機会は著しく狭まってしまう。「学卒就職後の経路と並行する自立への他
の経路」[11]が求められる。

---

11)　小杉礼子「自立に向けての職業キャリアと教育の課題」小杉礼子・宮本みち子編『二極化す
　　る若者と自立支援』明石書店，2011年，26頁。ここでは，職業的キャリアを制約する要因と
　　して，学校中退の経験や1年以内の早期離職，女性であることといった属人的なもの以外に，
　　地域の地場産業による影響についても考察されている。

図表1-11　入職経路の比較

		計	職業安定所	ハローワークインターネットサービス	民間職業案内所	学校	広告	その他	縁故	出向	出向先からの復帰
新規学卒者	実数(千人)	1249.9	152.2	59.6	50.3	420.3	369	98.5	96.6	2	1.5
	割合(%)	100%	12.2%	4.8%	4.0%	33.6%	29.5%	7.9%	7.7%	0.2%	0.1%
新学卒者以外の未就業者	実数(千人)	1471.2	236.8	59	19.2	41.6	556.2	208.7	344.9	3.8	1.1
	割合(%)	100%	16.1%	4.0%	1.3%	2.8%	37.8%	14.2%	23.4%	0.3%	0.1%
既就業者(転職入職者)	実数(千人)	5028.1	912.1	284.9	227.4	53.7	1467.6	553.6	1285.8	152.1	90.9
	割合(%)	100%	18.1%	5.7%	4.5%	1.1%	29.2%	11.0%	25.6%	3.0%	1.8%

（資料）　厚生労働省「平成27年雇用動向調査」より作成。

エ　まとめ

　以上は，安定した雇用という側面から若者の経済的自立を考えたが，ここで注目すべきなのは，企業としても，従来持っていた若者を自立させるための機能を急速に消失させてきた点である。

　その代表的なものが，企業福祉の減退である。企業福祉とは，使用者が労働者やその家族の健康や生活の福祉を向上させるために行う諸施策で，使用者が労働者に提供する，賃金以外の現金給付やサービス提供を指す。社会保険料の事業主負担分のほか，社宅や独身寮，運動施設や保養所などの余暇施設，文化・体育・レクリエーション活動の支援などがある。企業福祉は，終身雇用，年功賃金などと一体となって，若者の自己形成的自立，経済的自立，社会的自立に寄与してきた。

　しかし，終身雇用，年功賃金などの日本型雇用制度・慣行が崩れるとともに，厳しい経営環境の中で，企業福祉の維持が困難になってきた。これは法定外福利費の推移を見ると顕著である。

　このように，企業が若者を自立させる機能を果たせなくなると，その代替機能を自治体を含む政府に期待されるようになってくることになる。

(3)　社会的自立の困難性

ア　社会的自立の意義

　経済的自立も社会的自立の一種ではあるが，ここでは，就労以外の社会への関わりを社会的自立として捉えている。前述の自治会などの地域コミュニティ

への参加も社会的自立の1つと言える。

　ここで就労とは別の枠組みとして，社会への参画を取り上げたいのは，今日では，経済的自立と社会的自立が連動しないケースが目立ってきたからである。昔ならば，自己形成的自立，経済的自立を果たした若者は，村の青年団や組合の青年部に入り，何らかの社会的役割を果たすのが当たり前であった。ただ，この30〜40年間で，こうした若者の社会的自立を促す場は，消失し，あるいは弱体化し，若者の社会的自立を養う機会が少なくなってきた。

　若者が，自らの関心を職場や家族内にとどめてしまうと，若者自身の自立は未完のままであるし，若者が参加しない社会は，持続性やダイナミズムという点でも，好ましいことではない。若者の社会的自立を促す場が消失しつつあるとすれば，政策論として，これを再構築する必要があるからである。この点が，本書の問題意識であり，テーマである。

　公共的な観点から社会参画を考えると，

①　行政への参画……政策決定への参加等である。自治体の審議会等への参加やパブリックコメントなどで，若者自身が意見を述べていくことである。

②　政治への参画……特に首長や議員の選挙への参加である。18歳選挙権の導入で，若者の政治参画は注目されている。

③　コミュニティ・まちづくりへの参画……自治会，ＮＰＯ等への参加等である。

　本書は，もっぱら①の行政と③のコミュニティ・まちづくりへの若者参画を考えるものである。

イ　投票率から見た若者の社会的自立

　政治参画の代表例は，選挙による投票である。最新の参議院議員選挙における年代別の投票率（図表1-12）を見ると，20歳代は他の年代に比べて低水準にとどまっている。20歳代は35.60％，30歳代は44.24％であるのに対し，60歳代は70.07％と最も高い。新たに選挙権が付与された18歳以上は，46.78％となっている。今後の推移が気になるが，現状では10歳代も含め10〜30歳代は他の世代に比して投票率が低い。

　この状況では，当選を目指す立候補者は高齢者の集票を狙う方が合理的とな

図表1-12　参議院議員通常選挙における年代別投票率（抽出）の推移

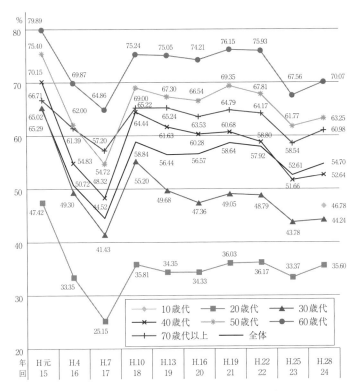

（出典）　総務省HP「国政選挙の年代別投票率の推移について」。

る。政策立案にあたっても，本来は，すべての世代に対応することが大事なことではあるが，限りある資源を用いて対応する限り，結果として若い世代に対する政策が薄くなることは否めない。シルバーデモクラシーの問題である。

ウ　若者は政治に無関心か

　総じて若者は低投票率であることから，「若者は政治に無関心である」とされることが多い。しかし，「我が国と諸外国の若者の意識に関する調査」[12]を見

---

12)　内閣府「我が国と諸外国の若者の意識に関する調査（平成25年度）」。

第1章　若者問題の所在――なぜ若者政策を考えるのか　　21

図表1-13 「ボランティア活動」の年齢階級別行動者率（平成18年，23年）

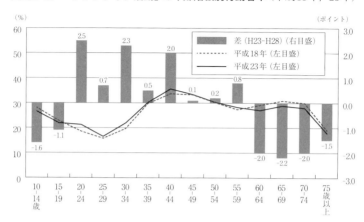

（出典） 総務省「平成23年社会生活基本調査 生活行動に関する結果 要約」。

ると，他国と比較しても，日本の若者の政治への関心度は，高いわけでもないが，特に目立って低いということはないようである。同調査については第2章で詳しく紹介する。

図表1-12の参院選の投票率から分かるように，いつの選挙でも，その時々の若者は常に投票率が低いが，年代が上がれば投票率は高くなっていく。つまり，若者も時間を経ると投票に行くようになると言える。この要因が，たとえば就労すること等による社会経験の積み重ねによるものだとすれば，若い世代に対しそうした社会経験を与えることができれば投票率は上がる可能性があるということである。

エ　ボランティア活動・地域活動から見る若者の社会的自立

コミュニティへの参加については，ボランティア活動や地域での活動を例に考えてみたい。

平成23年社会生活基本調査によると，1年間にボランティア活動を行った人は2,995万人となっている。属性別の人口に対する割合（行動者率）を見ると，図表1-13の通りである。

図表上に数値の記載はないが，40～44歳が35.6％と最も高い値になってお

図表1-14　性別年代別活動の種類別行動者率

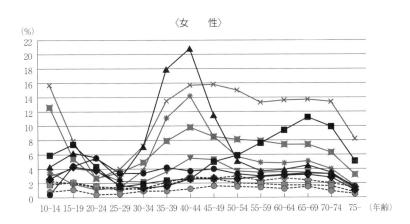

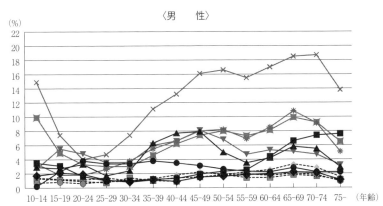

り，最も低いのが25〜29歳の16.5％である。先に見た国政への投票率においては年齢とともに数値が上がっていたが，実際の心身を働かせる必要があるボランティア活動では，40代あたりにピークがあるようである。どちらにおい

ても若い世代で低水準である点は同様である。

　この社会生活基本調査では，ボランティア活動をいくつかの種別に分けている。その中でも「まちづくりのための活動」を地域活動と見なすと，若者の地域活動への参加についてある程度確認できる。平成20年版男女共同参画白書において，平成18年度の社会生活基本調査をまとめ直しているものが図表1-14である。

　これを見ると，他の活動に比べ，行動者率が高くなっている「まちづくりのための活動」においても，若い世代，特に20代において数値が下落しているのが分かる。先にも平成19年版国民生活白書を取り上げ，若い世代が地域から孤立している可能性について触れたが，その点を補足する調査結果となっている。全体において20代の割合が少ないため当然と言えば当然であるが，他の活動においてもおおむね20代では低い値となっている。

オ　まとめ

　ここまで，社会的自立に関する指標として，投票率やボランティア活動への参加率を確認した。取り上げたいずれの指標においても，若者の参加率は低い結果になっている。

　民主主義が有効に機能するには，市民一人ひとりの自律性と，共同体の事柄を我がことのように思う社会性があってのことであるが，このように若者が社会性を持ちづらくなっているということは，私たちの民主主義の基礎部分が脆弱になっているということでもある。家族や職場以外で多様な社会的関係を築き，若者が社会的自立を果たしていくための政策が必要であると考える理由である。

2　なぜ今若者政策なのか

　あらためて，なぜ今若者政策なのか，ここでは，3つの観点から，その意義を確認しておこう。

⑴　自立の難化に立ち向かう──政策的対応の意義

　現代の若者は，自己形成を図る上でも，経済的に自立する上でも，また社会的なネットワークを築く上でも，大きな変化や難化にさらされている。そこで，このような課題を抱える若者を政策対象として取り上げて，きちんとした政策的対応を取るのが若者政策である。

　むろん，ここで確認できた若者を取り巻く変化や難化は，社会全体の一部であり，変化と難化にさらされているのは若者だけではない。それゆえ「若者世代を含む……」といった取り上げ方も可能であるが，それにもかかわらず，あえて若者だけに焦点を当てるのは，

　①　若者も社会の構成員であり，高齢者や女性が単独で政策論の対象とされているように，若者を政策論で取り上げないのは不自然であるという消極的理由にとどまらず，

　②　超高齢時代を迎え，負担と責任を負うことになる若者がきちんと取り上げられ，政策的対応を取られずに，放置されたままでいるのは不合理であり，

　③　結局，そうした社会は，持続しないと考えるからである。

　また，全体の中では数が少ない若者は埋没してしまい，若者問題が先送りされてしまうという懸念もあることから，あえて若者政策として取り上げる意味もある。

　さらには，若者については，いじめや失業といった個別の事象で取り上げるだけでなく，各々の政策を若者政策として捉え一体的なものとして編成し直すことで，包括的な対応や新たなアイディアをもたらす可能性もある。

　現時点では，若者問題は，ようやく認知され始めた段階で，一部の自治体で取り組まれ始めたばかりであるが，後々，手遅れになって，対応策に膨大なコストとエネルギーをかけるよりも，早い段階から政策課題として取り上げ，着実で体系的な対応策を講じておくのが得策でもある。

　なお，本書では，自立の困難性について，便宜的に3つに分けたが，各々の若者にとっては，それぞれが別個の問題ではなく，相互に連関している。自己形成的自立を経るのが困難であれば，他の2つの自立へは容易には進めなくな

るし，経済的自立や社会的自立が自己形成的自立を促進する。逆に言えば，それぞれの自立を進めていくことは，他の自立を後押しすることにもなり，若者政策として全体を捉えて，連携するメリットが大きいと言える。

⑵　シルバーデモクラシーを越えて

ア　シルバーデモクラシーとは

　シルバーデモクラシーとは，高齢化社会の中で多数を占める高齢者の意向によって，政策が決まっていくことを言う。ここでのシルバーは，「美しく輝く銀」ではなく，「老害」的で否定的な意味で使われている。

　確かに人口構成を見ると，60歳以上が約30％を占めているのに対して，15歳から29歳までが15.6％で，60歳以上の約半分にすぎない。39歳まで含めると28.3％で，60歳以上とほぼ拮抗するが，選挙における投票率では，若者世代の投票率は，60歳以上の年代に比べて半分程度に下がってしまう。

　試みに，平成24年衆議院議員総選挙の世代別投票率を見ると，20歳代は37.89％，30歳代は50.10％であったのに対し，50歳代は68.02％，60歳代は74.93％と，投票率にかなりの差が生じている。平成25年参議院議員総選挙でも，同様な結果で，20歳代33.37％，30歳代は43.78％に対し，50歳代は61.77％，60歳代は67.56％となっている。

　若者と高齢者では，強い関心を持つ政策課題が違ってくるのは当然である。未来の見通しでも，若年層は，30〜40年先の比較的遠い未来のことまで自分に関係するが，高齢者の場合は寿命の問題もあって，比較的近い将来の範囲内で考えがちになる。

　政治家（立候補者）の意識として，選挙での当選または政権の獲得を第1に考えるならば，投票者が多く，投票率の高い高齢者の関心事項を優先的に扱い，高齢者政策を志向することは，至極，合理的な行動となる。そのため，若者が切実に抱える課題，例えば教育，雇用，子育てなど，なおざりにされがちである。

イ　シルバーではなくてデモクラシーの問題

　このようにシルバーデモクラシーの弊害が語られ，あたかもシルバーが問題

かのように論じられるが，正確に言えば，問われているのはデモクラシーの方である。

デモクラシーとは，他者の考え方や思いにも価値を認め，それぞれの良いところを止揚して，より良いものにしていこうというパラダイムである。したがってデモクラシーの基本は，価値の相対性である。それぞれに言い分があり，それぞれにきらりと光るものがある。そこに光を当てて発展させていく社会というのが民主主義の意味である。自分たちの見方とは違うもう1つの価値があることに気がつくことで，その結果，新たな提案が生まれてくる。

しかし，現実には，人は自分の経験や心象風景から，逃れることが難しい。高度経済成長に支えられ，努力すれば報われる時代に育ってきた人々は，ついつい自分たちの体験で若者を語り，「今の若者は恵まれている」，「甘えている」という。他方，若者からは別の風景が見えてくる。確かに，ものは豊富であるが希望が持てない時代にあって，若者らしい一直線さは屈折し，自らではどうにもできないもどかしさで悶々とする。「こんな時代をつくったのは大人たちではないか」。そこからは対立や反目しか生まれてこない。

若者政策とは，シルバー世代に優先して，若者の主張を優先することではなく，若者と大人が，相互の立場や状況を理解し，違いを止揚していこうというデモクラシー政策でもある。

(3) 地域の活性化への期待

ア　地域にとっての若者──地域の意義・機能・課題

地域の意義・機能については，大別すると次の2つに整理できる。

第1は，住民福祉機能である。交通安全，防犯・非行防止，青少年育成，防火・防災，消費者・資源回収，福祉，環境・美化，清掃・衛生，生活改善等といった地域の住民の暮らしを守る機能である。

第2は，親睦機能である。地域の人々との交流と親睦の促進に関する活動で，祭礼・盆踊り，運動会，文化祭等がある。第1の機能を十分に果たすには，相互の理解，共感が必要だからである。

地域の以上のような役割・機能が，ここ30年の間に，そのあり方・評価が

図表1-15　町内会活動を行っていく上で課題になっていること

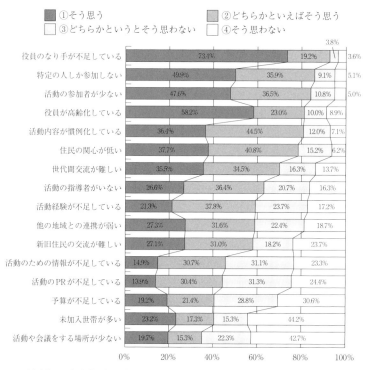

（出典）　札幌市「札幌市自治会町内会に対するアンケート（2006年10月）」。

大きく変化している。1980年代の後半から，各地でインフラ整備や都市開発が活発に行われ，反面，地域のつながりや連帯感は希薄化し，地域の意義も軽視されるようになった。

　今日でも，地域は，まちづくりに欠かせない存在であることについては異論がないが，期待とは裏腹に，いくつかの課題も顕在化してきた。

　地域が抱える課題は，様々であるが，ここでは人的な要素・側面に絞って考えてみても，限られた人が相当の負担を担っている。担い手と指導者の不足である。同一の役員の長期就任という側面からも，どの地域組織においても懸案となっている。次の地域を担う若者の参画が待望される。

イ　若者にとっての地域

　かつては，地域が若者の大人への移行を助けてきた。しかし，地域コミュニティの衰退等で，地域が若者を育てる機能も弱体化してしまった。

地域が若者の自己形成を支援する機能としては，

①　地域において日常生活能力を習得できる。地域は，あいさつをするといった基本的な生活習慣を身につける場所である。地域で活動する中で，コミュニケーション能力の醸成にもなる。約束を守るといった規範意識等の育成にもなる。

②　地域には，環境学習，自然体験，集団宿泊体験，奉仕体験，スポーツ活動，芸術・伝統文化体験といった様々な体験活動や異世代間・地域間交流等の機会がある。こうした活動を通して，多様な価値観に触れることもできる。

また若者の社会参加支援機能としては，

①　社会の一員として自立し，権利と義務の行使により，社会に積極的に関わろうとする態度等を身につけことができる。社会形成・社会参加に関する教育（シティズンシップ教育）の機会となる。

②　地域における政策形成に参画することで，地域や社会のことを考える機会となる。若者が地域の中で，発言し，行動することは，社会のメンバーとして責任を果たすということである。若者が社会参画のプロセスを体験することで，民主主義を体験的に学ぶことができる。

　こうした地域の揺籃機能を再構築しようという試みが，自治体若者政策である。

第2章　若者政策の体系
──世界・国・自治体の若者政策を踏まえて

1　世界の若者政策

(1)　EUに見る若者の社会参画について

ア　EUの若者政策

　日本の若者政策に先行して，EUでは若者関連の政策が取り組まれている。

　EUにおける若者関連の政策史は，1985年の国際青年年を1つの画期として
そのスタートに置く説明が多い。一方で，スウェーデンは「Not for Sale」と
題される政府報告書において，国際青年年より早いタイミングで若者政策への
取り組みを始めている。[1] 同報告書の主たる論点は，若者が消費に力点を置く非
生産的で受動的存在になっていることにあるが，政治への参加が縮小している
ことも議題に載せられている。その後もスウェーデンでは若者政策法等におい
て，EU内でも先駆的に取り組みを進めていくが，ここではまずEUの政策文
書から確認する。

イ　EUの若者政策の論議

　EUにおいて若者政策を包括的に取り上げた初の文書として，欧州委員会に
よる「若者白書」(2001年)がしばしば言及される。

　若者白書で示された主要な議論は，若者の①積極的シティズンシップ，②ノ
ンフォーマル教育の重要性，③自立のための保障整備の3点である。また，そ
の他にEUの価値観と若者の価値観の一致や擁護といったことも説かれている。

---

　　1)　宮本みち子「若者の社会的排除と社会参画政策── EUの若者政策から──」日本社会教
　　育学会編『社会的排除と社会教育　日本の社会教育』第50集，2006年。

図表2-1　EUにおける若者政策概略史

年	内　　容	主　　体
1981	Not for Sale（政府報告書）	スウェーデン
1985	国連国際青年年	国　連
1989	子どもの権利条約	国　連
1994	第1次若者政策法	スウェーデン
1994	国立青年事業庁の設置	スウェーデン
1998	第2次若者政策法	スウェーデン
2001	欧州若者白書	EU
2004	決定する権利——福祉の権利——　法	スウェーデン
2005	欧州若者協定	EU
2009	欧州若者戦略	EU

（資料）　著者作成。

　①は，若者が社会の意思決定に関与し，影響力を持つことの重要性を指摘するものである。日本において特に議論が不足している点である。人口の高齢者への偏りとその民主主義への影響を論じるシルバーデモクラシー論の裏返しとも言えるが，若者の知識や経験を社会の資源として，それ自体の重要性が念頭に置かれている点がEUにおける若者政策の特徴である[2]。

　②は，若者を学校や家庭で囲い込まず，早期に広く社会と関係を持たせ経験を育むことの重要性である。この点については，欧州ボランティアサービスといったボランティア派遣システムと，イギリスのギャップイヤーとの同質性を指摘しつつ，重要性を掘り下げた議論もある[3]。欧州若者戦略（2009年）においても，若者自身の成長に寄与することから若者政策の多くの目標に広く資する政策と位置付けられており，近年のEUにおける若者政策の1つの特徴とされる。学校外における経験の重要性は，広くコンセンサスが得られる方向性ではあるが，一方で，そういった経験を得ることが雇用といった社会保障面やシテ

---

2)　津富宏「翻訳 若者と若者政策：スウェーデンの視点」静岡県立大学国際関係学部『国際関係・比較文化研究』2013年によると，スウェーデンの「若者政策の視点」の1つに「資源という視点」が挙げられている。

3)　大佐古紀雄「EUにおける若者政策の特質——特にノンフォーマル教育の視点から——」『育英短期大学研究紀要』第27号，2010年。

ィズンシップなどに具体的にどのように影響するのか明らかでない。

　③は，若者が自立して生活していくための条件を整えることが説かれており，経済的な条件整備といった物質面での保障が特に押し出されている。典型的には雇用政策がここに該当すると考えられる。

　EUの若者政策の構成要素を，シティズンシップ（政治政策），ユースワーク（人間発達），エンプロイアビリティ（経済・雇用政策）の3つに分類する考え方は,[4]それぞれ上記の①②③に，おおよそ当てはまる。念頭に置かれている基本的な問題意識は，労働市場の流動化やライフコースの多様化により，児童期から成人期への移行がスムーズに進まなくなったことにある。1985年が国際青年年であるが，福祉国家思想が後退していった時期とも一致しており，若者の不安定化がさらに進んだ時期である。

ウ　EUの若者政策から学ぶこと

　以上の点を踏まえて，EUにおける若者政策において確認しておきたい点が2つある。

　1点目は，若者の状況に対する公的責任が前提とされていることである。

　個々のケースにおいて本人や家族の問題が挙がってくるのはやむをえないとしても，総体としての若者の不利益は，行政や社会が政治的に対処するものと考えられている。社会参画においても，個々の若者の関心の少なさよりも，参画制度の未整備等といった点に問題があるとする。

　2点目が，特定分野に限定されない包括的アプローチである。若者を児童期と成人期の移行期間にあるものとして，その移行を総合的にケアすることを目的としている。特定の分野において若者政策を捉えるのではなく，それを若者政策全体の中に位置付けることや，いわゆるプロジェクト方式によって，多くの既存政策領域をまたがる対策を取っている点である。例えば，スウェーデンにおける国立青年事業庁の設置は，この点を象徴しているものとして捉えることができる。そこで次に，スウェーデンにおける若者政策を概観する。

　4）　宮本，前掲論文。

第2章　若者政策の体系──世界・国・自治体の若者政策を踏まえて　　33

⑵　スウェーデンにおける若者政策

ア　投票率

投票に関して，スウェーデンと日本における投票率を年齢ごとに比較したものが図表2-2であるが，ここには興味深い違いが表れている。

まず特徴的な点は，スウェーデンでは全体の投票率が80%を超えているのに対して，日本における全体の投票率は50%台半ばであることである。したがって，図表2-2においてもすべての世代で日本の投票率の方が低くなっている。全体的に投票率に差がある点については，選挙制度を含め若者に限らない多くの議論が求められる。しかし，ここでは，スウェーデンの投票率が，世代による変化が少なく安定的である点に着目したい。スウェーデンにおける年齢ごとの投票率の標準偏差は約4.7%である。一方で，日本の投票率の標準偏差は約12.7%となり，スウェーデンの数値とかなり差がある。

この要因は，図表2-2を一目見れば分かる通り，日本の投票率が60歳代をピークとして上昇傾向にある点にある。スウェーデンの投票率も同様の傾向が見て取れるが，勾配ははるかに緩やかである。

前述したように，日本と比べた場合，スウェーデンは，全体の投票率がきわめて高い。したがって，総合的な投票率を考えるならば，両国の比較における世代間のバラつき方の違いは，「日本の高齢者層の投票率が高い」というよりも「スウェーデンの若年者層の投票率が高い」と考えた方が適切である。特に18歳から29歳にかけては，両国の同年齢層間で2倍以上投票率に開きがあり，若者の政治意識の差が明瞭となっている。

この差を生み出している1つの要因として，スウェーデンにおける若者政策があると考え，以下では，特に中央省庁である青年事業庁の存在と学校民主主義の2点を取り上げる。

イ　青年事業庁

青年事業庁は，1994年に設置された行政庁であり，その名の通り若年層への政策を担当している。青年事業庁は，実際の執行組織というよりは，むしろ調査研究を主たる業務としており，スウェーデン全体での若者政策の見取り図の作成とその課題の洗い出し行う，若者政策のシンクタンクのような役割を果

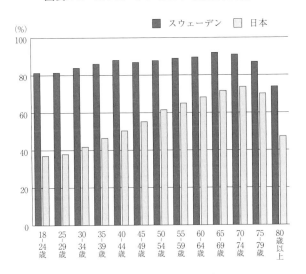

図表2-2　スウェーデンと日本の投票率比較

(注)　スウェーデンの投票率は2014年の総選挙（http://www.scb.se/en_/Finding-statistics/Statistics-by-subject-area/Democracy/General-elections/General-elections-participation-survey/#c_li_311815）。日本の投票率は2016年の「第24回　参議院議員通常選挙年齢別投票者数調（抽出調査）」（http://www.soumu.go.jp/senkyo/24sansokuhou/）を使用。どちらも本章執筆時点において確認できる最も新しい国政選挙結果。
(出典)　「Statistics Sweden」HPおよび総務省HPより作成。

たしている[5]。社会変化の測定やそのための指標の作成を若者政策の観点から進め，他の省庁等政府機関に指標に沿った報告を求めている。

　青年事業庁は，その報告をまとめ，国家全体の若者政策の決定に資する形でフィードバックしていく。データの集約を担っているため，当然の成り行きとして，調査研究も担当作業に入ってくるようであり，特定テーマに関する調査報告も定期的に行っている。まったくのシンクタンクではないので，当然ながら業務はそれだけにとどまらず，個別の地方自治体へのサポートや表彰といっ

---

5)　小林庸平「スウェーデンの実例から見る日本の若者政策・若者参画政策の現状と課題」三菱UFJリサーチ＆コンサルティング株式会社『季刊　政策・経営研究2010』vol.3, 2010年を参照。以下の青年事業庁に関する説明も主として同論文に依拠している。

たことも行っている。しかし，主たる業務は，政策の効果測定とその要約や解釈に置かれており，知的側面からの若者政策全体のフォローを行っている。

青年事業庁の存在は，先述したEUにおける若者政策の公的責任と分野横断性を具体化したものと言える。中央省庁として，若者政策実施のフォローを行い，実施効果に関するデータの集約に努め，そして調査研究を行うことで，政策決定においては若者政策をリードしていく形になっている。若者政策に特化したシンクタンク的役割を担う機関を行政として設置している点に，若者政策の公的責任が見て取れる。

青年事業庁が他の政府機関に求める指標の報告は，各政府機関が，若者政策として自らの事業を顧みる機会となり，他の政府機関の政策も含めた全体的な状況を知ることができる。青年事業庁は，若者政策という全体の領域の確立や認識に大きな影響を与えていると考えられる。

この点は，日本における政府刊行物である「子供・若者白書」の構成を確認すると，その違いが分かりやすい。

平成27年度版子供・若者白書の構成は，2部構成となっている。第1部として「子供・若者の状況」があり，第2部に「子ども・若者育成支援施策の実施状況」が置かれている。第1部は，各種の統計データから趣旨に沿うものを抜き出して構成されたものであり，第2部は各行政機関が取り組んでいる施策をまとめたものである。したがって，第1部と第2部は直接的な関係はなく，若者政策のデータ集ではなく，若者に関するデータ集となっている。これに沿うならば，スウェーデンの青年事業庁の場合は，第2部の政策内容を測定するデータを集め，その効用を把握するために第1部的な内容をつくり，全体を体系化することが業務である。

ウ　学校民主主義 (School Democracy)

青年事業庁による調査関連の業務は，若者政策全体の促進に寄与しているが，先に見た若者の投票率について直接的に影響していると考えられる要素として，学校民主主義を挙げることができる。

スウェーデンでは，学校教育において民主的素養を養うこと重視しており，その学校教育法においても，若者は，自分たちが受ける学校教育や授業につい

て影響力を持つことができることが書き込まれている。

　学校教育は地方自治体の管轄下にあり，多様な形態があるようであるが，次の2点は一般的であり重要と見られる。

　1点目は，生徒会（Student Council）の役割である。日本でも各クラスから代表者を選ぶ形式の同様の組織はあるが，スウェーデンの場合は，授業や学校内でルールの形成に影響力を持つことが重視されており，実社会におけるシティズンシップへつなげることが意図されている。

　2点目は，学校運営そのものを決定する学校評議会（School Board, School Conference）に代表者を選出する仕組みである。学校評議会は，校長をはじめとする教員や生徒の保護者が参加する学校運営の最高意思決定機関であるが，この組織へ代表者を送り出し，生徒の意見を学校の運営においても反映させるものである。教員や保護者が生徒の声を部分的に吸い上げ反映させている日本の学校運営とは大きく異なる。ここでも重要な点は，生徒の代表が実際に影響力を持つことにある。

　学校間で生徒会の連合が形成される例もあるようであり，専用の事務所を持つこともある。さらに，全国組織として全国生徒会も存在し，生徒が持つ権利の向上を主たる目的として活動している。組織力の一点に絞っても日本の生徒会とは様相が大きく異なることが分かる。

　この学校生活上での代表者選出と影響力の発揮という経験は，シティズンシップ教育としての役割を果たしている。国政や地方自治体の選挙よりもさらに身近な場である教室において，若年のうちに民主主義を肌で体験していることが，先に見た投票率の差にも影響していると考える。また，学校民主主義と国政選挙・地方選挙の中間として，学校における模擬選挙も活発に行われており，学校民主主義と国や自治体における民主主義が地続きとなるよう工夫されている。模擬選挙の実施には，青年事業庁も絡んでおり，若者政策としての学校民主主義を行政の責任として推進している。

　6）　宮本，前掲論文において，ヨンショーピン市が例に挙げられている。

エ　スウェーデンの若者政策から学ぶこと

　以上のように，スウェーデンにおいては，他の政策の一部分ではなく，若者政策が独立した領域として認識され，取り組みが進められている。そして，若者の置かれている状況への対応は，例えば個々の若者側の政治的無関心を問題にするのではなく，政治や社会の側に責任がある課題として捉えられている。したがって，社会システムの不備といった点の解決を目指すため分野横断的な政策が求められ，そのための省庁を設置し，包括的な対応が取れる体制を整えている。問題の所在を社会側に見出し，個別でなく包括的な対応を志向する点がスウェーデンの若者政策の特徴である。また，具体的な論点で言えば，若者に影響力を持たせようとするシティズンシップ政策は，日本に比べて活発化している領域と言える。[7]

(3)　その他の注目すべき取り組み[8]

ア　イギリス若者議会

　若者政策の一環として著名なものに，イギリス若者議会（UK Youth Parliament）がある。イギリス若者議会は，行政と連携し支援を受けてはいるが，あくまで民間の機関である。

　運営を担う理事会（Board of Trustees）と，議員であるMYP（Members of Youth Parliament）で成り立っており，理事会の一定人数の選出もMYPが担っている。MYPは毎年12月から2月頃に行われる選挙によって選ばれる。近年では，100万人を超える若者がイギリス若者議会の選挙へ投票しており，かなりの規模のイベントとなっている。立候補や投票は，イギリスに住む11歳から18歳の者なら誰でも可能で，それぞれの地方自治体が選挙区の範囲となっている。なお，定数は区域内の若者の人口に応じて割り当てられており，2017年の時点で総数は369議席である。

---

7)　津富，前掲論文。

8)　UK Youth Parliament（http://www.ukyouthparliament.org.uk/）。Youth Lead the Change（https://www.boston.gov/departments/boston-centers-youth-families/youth-lead-change）および武田美智代「青少年の政治教育と議会の関与――英国の事例を中心に――」国立国会図書館『青少年をめぐる諸問題　総合調査報告書』2009年を参照。

MYPは選ばれた選挙区の若者代表として，地方や国家といったあらゆる範囲の政策に関して若者の意見を反映させることを主たる活動としている。そのため，下院議員や自治体の議員と定期的に意見交換を行い，また，イギリス若者議会のマニフェストについての議論などを行うMYP相互の会議も設けている。その他にも各自の発意でイベントやキャンペーンを企画し，1年の任期を若者のアピールに投じる。地方政策や国家政策のそれぞれで影響力を増しつつあり，近年ではMYPに議員と同等の地位を与える地方議会も現れているようである。加えて，一部の地方自治体では，若者市長（Young Mayor）制度を実施し，若者議会とは別にさらに選挙で若者代表を据える取り組みも見られる。若者市長制度は，第3章で取り上げる山形県遊佐町の政策にも影響を与えている。

イ　若者参加型予算

　アメリカのボストン市では，市の予算のうち100万ドルの使い道を若者によって決める「ユース・リード・ザ・チェンジ（Youth Lead the Change）」という政策を実施している。

　まず，12月から1月にかけて，どのような政策を実施するかアイディアを集める。この際，アイディアの応募は年齢や居住を問わないようであり，この段階までは若者でない者のみならず，ボストン市に住まない者でも参加できる。これらのアイディアを，一定のトレーニングを受けたボランティアである「チェンジ・エージェント（Change Agent）」が具体的なプロジェクトにまとめていく。その後，各プロジェクトがボストン市在住の12歳から25歳までの若者の選挙にかけられる。投票は学校や公共施設で行われ，ボストン市立の学校の生徒はウェブ上でも投票できる。2016年では「ゴミ箱とリサイクル箱の拡充（More trash cans and recycling bins）」，「職や資源の検索アプリ（Job and resource finder app）」といった6つのプロジェクトが予算である100万ドルを振り分ける形で選ばれている。

　若者の提言を受ける仕組みは日本の自治体等でも見られるが，若者に提言させるまでにとどまり，提言後の政策化については，曖昧になっている場合が多い。しかし，このボストン市の例は，あらかじめ予算が割り当てられており，政策化につながっている。自分たちの世代の意見が選挙を通じて政策に反映さ

れる経験を得ることで，その他の選挙における投票においても自身が影響力を持つ感覚を持つことにもつながる。また，地域の課題について考える機会を与え，公共意識が育まれることは言うまでもない。

⑷　世界の若者政策から学ぶこと

　日本でも子ども議会や子ども国会といった類似の取り組みがあるが，記念行事として取り組まれるような一過性のものにとどまっている。これら取り組みを若者政策の端緒と捉え，若者が発言し，それを為政者が受け入れるという受動的な制度にとどめず，若者自らが政策を企画・立案し，地方や国家の政策形成に働きかけるという能動的な制度として発展させていくことが必要である。

　同時に，イギリス若者議会のように，基礎自治体の範囲を超えるような規模で，若者の意見を反映させる仕組みも模索すべきだろう。

　若者は社会の貴重な資源であるという観点から，既存の発想にとらわれない，新たな価値を体現する取り組みが日本でも出てくることを期待したい。

2　国の政策

⑴日本の若者──世界との比較

　ここでは，日本の若者の社会参画に関する意識を内閣府の「我が国と諸外国の若者の意識に関する調査」から確認する。

　この調査は，日本と諸外国の若者の意識を把握し，日本の若者の意識の特徴などを分析するものである。調査領域は，人生観，国家・社会，地域社会・ボランティア，職業，学校，家庭に及ぶ広範な内容である。

　調査対象国は，日本のほか，韓国，アメリカ，イギリス，ドイツ，フランス，スウェーデンの合計7カ国である。調査対象者は，各国とも満13歳から29歳までの男女である。

　調査時期は，いずれの国も，平成25年11月から12月までの間に実施した。調査の方法は，各国とも1,000サンプル回収を原則として，WEB調査を実施したものである。

図表2-3 あなたは，今の自国の政治にどのくらい関心がありますか（回答は1つ）

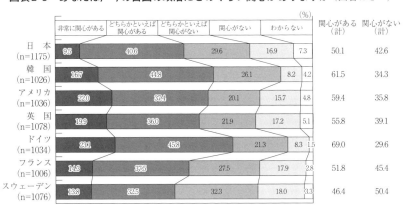

（出典） 内閣府「平成25年度 我が国と諸外国の若者の意識に関する調査」。

ア 政治に関心があるが，影響力に否定的

● 政治への関心

図表2-3は，政治に関する関心を聞いたものである。「非常に関心がある」と回答した割合は日本が最も低い。しかし一方で，「非常に関心がある」と「どちらかといえば関心がある」を合わせると，日本は最下位ではなく，むしろスウェーデンの方が低くなっている。

図表の中では，ドイツの関心度の高さが目立つが，ここで確認しておきたいのは，日本の若者の政治への関心度は，著しく低いわけではないという点である。「関心がない」についても，確かに日本の比率は大きいが，これもスウェーデンやフランスの数値の方が大きくなっている。同様に，日本の若者の政治への興味・関心が特に低いわけではないことは，以下の設問でも確認できる。

● 社会への関与

「社会のことは複雑で，私は関与したくない」という設問に対して，「そう思う（計）」の日本の回答割合は，イギリス，アメリカ，韓国，フランスの次に位置している。図表全体を見ても，日本が特徴的である点は見出しづらい。総じて，社会に関する興味関心は，他国と比べても，高くもなく低くもない。

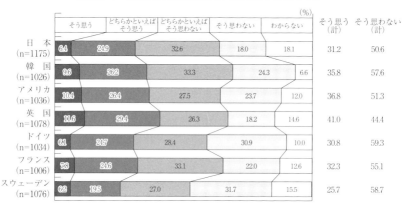

図表2-4　社会のことは複雑で，私は関与したくない

(出典)　図表2-3に同じ。

● 社会問題への関与

　図表2-5は政策決定過程への意識を調べるものである。社会問題へ関与したいかという問いに対して，「そう思う」の割合は，日本が最も低い。また，図表右側の記載を見れば分かる通り「そう思う（計）」は最も低く，「そう思わない（計）」は最も高い。

　図表2-3で見たように，日本の若者の政治への関心は決して低くはない。それにもかかわらず，若者自身の関与になると最も低くなっている。同様の傾向は次の図表2-6でも確認できる。

● 政策決定への関与

　こちらは「社会における問題に関与したい」よりも具体的に，「担い手として積極的に政策決定に参加したい」かどうかを聞くものである。当然とも言えるが，設問を具体化したためにおおむね各国とも「そう思う（計）」の割合は低下している。日本においても同様であり，最も低い数値になっている。各国の若者と比べ，日本の若者は政治への関心が非常に低いわけではないが，自身の関与には否定的な感覚を持っていることが分かる。

図表2-5 社会をより良くするため，私は社会における問題に関与したい

	そう思う	どちらかといえば そう思う	どちらかといえば そう思わない	そう思わない	わからない	そう思う(計)	そう思わない(計)
日本 (n=1175)	8.1	36.3	25.1	12.5	18.0	44.3	37.6
韓国 (n=1026)	18.6	41.8	25.1	8.6	5.8	60.4	33.7
アメリカ (n=1036)	26.7	37.5	16.7	8.7	10.3	64.3	25.4
英国 (n=1078)	24.1	32.9	20.2	9.1	13.6	57.1	29.3
ドイツ (n=1034)	30.2	46.0	12.8	3.6	7.4	76.2	16.3
フランス (n=1006)	16.3	34.6	24.6	11.7	12.8	50.9	36.3
スウェーデン (n=1076)	15.1	37.8	24.3	9.9	12.8	52.9	34.3

(出典) 図表2-3に同じ。

図表2-6 将来の国や地域の担い手として積極的に政策決定に参加したい

	そう思う	どちらかといえば そう思う	どちらかといえば そう思わない	そう思わない	わからない	そう思う(計)	そう思わない(計)
日本 (n=1175)	7.7	27.7	31.1	15.3	18.1	35.4	46.5
韓国 (n=1026)	18.6	35.3	28.6	12.0	5.6	53.9	40.5
アメリカ (n=1036)	22.1	38.3	18.9	9.7	11.0	60.4	28.6
英国 (n=1078)	16.9	36.4	21.4	11.1	14.2	53.2	32.6
ドイツ (n=1034)	22.1	40.8	20.9	6.5	9.8	62.9	27.4
フランス (n=1006)	15.3	39.0	23.0	10.6	12.1	54.3	33.6
スウェーデン (n=1076)	14.3	31.7	25.9	14.1	13.9	46.0	40.1

(出典) 図表2-3に同じ。

● 若者の意見を聞くべきか

　関心がないわけではないが，しかし自らの影響力について否定的であることは，さらに続く設問でも確認することができる。

　図表2-7の回答結果において，日本の若者は，ある程度明確に他国と異なる傾向を示しており，政策等において専門家に判断を委ねることに，他国の若者

第2章　若者政策の体系——世界・国・自治体の若者政策を踏まえて　43

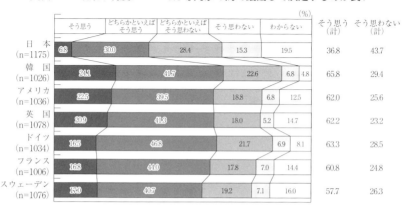

図表2-7 政策や制度については専門家の間で議論して決定するのが良い

と比べ否定的な見解を持っている。「そう思わない（計）」は，その他のすべての国が20％台なのに対し，日本のそれは40％を超えている。いわゆる政治不信といったことが背景にあるのかもしれないが，しかし図表2-8を見ると，「専門家に任せられない」の延長線上にあるはずの「自らの参加」がはっきりと表れない。

　自身の関与，この場合で言えば若者の関与について，政策一般でなく論点を絞り，対象が子どもや若者といった自分たちである政策等に限定したものが図表2-8の設問である。対象が自身の世代であることに絞っているため，「そう思う（計）」の割合は各国ともに概して高いと評してよいのかもしれない。しかし，それでも各国と比べると日本が最も低い。図表2-7において「専門家の間で議論して決定するのが良い」に対して明確に否定的な傾向が出ているのとは対照的である。曖昧に肯定している程度と言え，他国と相対的には低い値で落ち着いている。

● 自分の影響力

　最後に，自分の影響力については，図表2-9のようになっている。

　他国と比較しても，「そう思う（計）」は最も低く，「そう思わない（計）」は最も高くなっている。「そう思わない（計）」が，「そう思う（計）」を上回るのは，

図表2-8　子どもや若者が対象となる政策や制度については子どもや若者の意見を聴くようにすべき

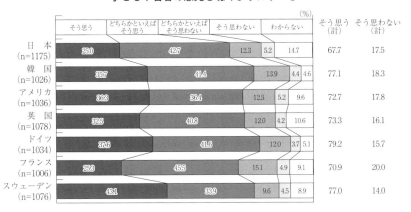

(出典)　図表2-3に同じ。

図表2-9　私の参加により，変えてほしい社会現象が少し変えられるかもしれない

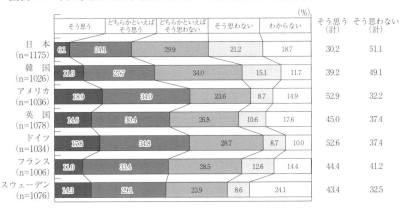

(出典)　図表2-3に同じ。

日本だけである。

　この点は，スウェーデンの若者と対比すると違いが分かりやすい。スウェーデンの若者は，先の図表2-3の通り，政治に対する関心度は低いが，影響力に関する意識は他国と遜色ない数値になっている。他方，日本の若者は，政治に

図表2-10　自分自身に満足している

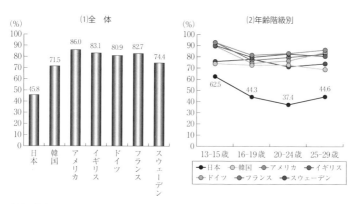

（注）「次のことがらがあなた自身にどのくらいあてはまりますか。」との問いに対し、「私は、自分自身に満足している」に「そう思う」「どちらかといえばそう思う」と回答した者の合計。
（出典）図表2-3に同じ。

関する関心は他国と遜色ないにもかかわらず、自身は影響力を持っていないと考えている。ここに、若者政策の方向性の1つを見ることができる。

イ　自国に誇りを持つが、自己肯定感は低い

　日本の若者が自身の影響力に否定的な点は、自己肯定感が諸外国と比較すると低い点とも合致する傾向と言える。

● 自分自身に満足しているか

　図表2-10は、「自分自身に満足しているか」を聞いたものである。諸外国に比べて、日本は圧倒的に低い。年齢階級別で見ると、20歳前後が最も低く、諸外国との差も顕著である。

● 日本人であることの誇り

　一方で、日本人であることの誇りについては、諸外国と遜色ない数値になっている。

● 自国のために役立つことをしたい

　むしろ、「自国のために役に立つと思うことをしたい」では、諸外国の若者に比べて、日本の若者の方が高い。同様に年齢階級別では、20歳前後の年代

図表2-11 自国人であることに誇りを持っている

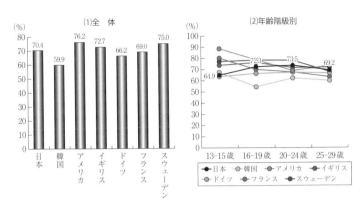

（出典）図表2-3に同じ。

図表2-12 自国のために役立つと思うようなことをしたい

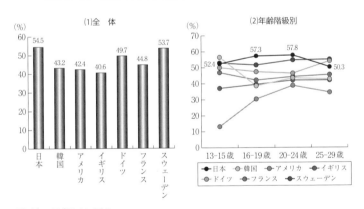

（出典）図表2-3に同じ。

においては最も高い値となっている。

ウ まとめ

　以上，日本の若者は，政治や社会に関して一定の関心があり，自国に役立ちたいと考える傾向がある。しかし，自身が政治や社会に影響を与えられる感覚は乏しく，「役立てない」と感じている。

そのギャップを埋めるのが政策論の役割である。その際のポイントとなるのが，自己有用感である。日本人の自己肯定感の基本となっているのは自己有用感である。例えば，「クラスで自分がピアノが一番うまい」というのは自尊感情であるが，これに対して，「クラスで一番うまいと，みんなに評価された。そのみんなの期待にこたえられるように頑張る」というのが自己有用感であるが，日本人の場合，この自己有用感によって，自己肯定感を推し量っている。ということは，若者が自己有用感を感じられる機会を多くつくればよいということになる。

まちづくりや社会貢献などで，他者との関係で，自分の居場所と出番をつくれば，参画のきっかけになり，参画を推進する要素になる。

政策主体として，国と自治体とは，それぞれ得意分野を異にするが，まず，国の取り組みを概観しておこう。

⑵　子ども・若者育成支援推進法

若年層を対象とした施策は，長らく青少年の健全育成を目的とし，保護や教育に力点を置いてきた。内閣府による青少年育成施策大綱や地方自治体による青少年保護育成条例などがそれに当たる。

そうした中で，従来の青少年施策に変化の兆しを感じさせる法令として，平成21年に成立した「子ども・若者育成支援推進法」がある。

ア　子ども・若者育成支援推進法

●子ども・若者育成支援推進法

子ども・若者育成支援推進法（平成21年法律第71号）は，特にニートやひきこもりなどの困難を有する子ども・若者問題の深刻化を背景として，総合的な子ども・若者育成支援のための施策を推進することを目的として制定された法律である。

法律は，全5章で構成され，第1章では，子ども・若者育成支援推進法策定の目的，基本理念などが定められている。特に基本理念として，「一人一人の子ども・若者が，健やかに成長し，社会とのかかわりを自覚しつつ，自立した個人としての自己を確立し，他者とともに次代の社会を担うことができるよう

図表2-13　子ども・若者育成支援推進法の体系

章　名	条　項
第1章　総　則	第1条―第6条
第2章　子ども・若者育成支援施策	第7条―第14条
第3章　子ども・若者が社会生活を円滑に営むことができるようにするための支援	第15条―第25条
第4章　子ども・若者育成支援推進本部	第26条―第33条
第5章　罰　則	第34条

（出典）　図表2-3に同じ。

になることを目指すこと」(第2条1号) が挙げられている。若者が社会を担うことの重要性について，明確に意識されている。

　第2章では，子ども・若者育成支援施策の推進を図るための大綱の作成義務や都道府県における子ども・若者計画などの作成に努めることなどが定められている。その中で，第12条において「国は，子ども・若者育成支援施策の策定及び実施に関して，子ども・若者を含めた国民の意見をその施策に反映させるために必要な措置を講ずるものとする」として，子ども・若者育成支援施策の策定・実施に，子ども・若者の参画を求めている点は注目に値する。

　第3章では，若者が社会生活を円滑に営むことができるようにするための支援体制について，第4章では，子ども・若者育成支援推進本部の体制などについて，第5章は罰則について定められている。

●子ども・若者支援地域協議会

　子ども・若者支援地域協議会 (以下「協議会」と言う) とは，子ども・若者育成支援推進法に定められている組織である。地方自治体に設置の努力義務を課している (第19条)。

　その役割は，青少年健全育成関連の各組織を連携させることが主眼となっている。協議会設置によって，「連携がスムーズになった」という評価があるように，様々な団体や機関がすでに携わっている領域であるので，その横のつながりを進めることは，当該分野の推進に大いに役立つものと考えられる。既存の青少年健全育成関連の施策の体系化や総合化といった点では効果が認められ

第2章　若者政策の体系──世界・国・自治体の若者政策を踏まえて　　49

図表2-14 子ども・若者支援地域協議会

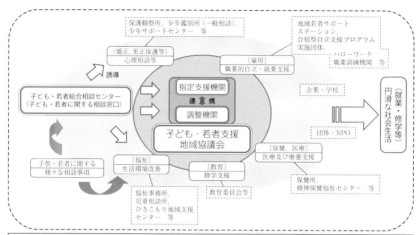

(出典) 内閣府「平成27年度 子供・若者白書」。

ている。他方，社会参画等のシティズンシップを形成するという観点は未だ乏しい。

協議会の設置は，努力義務ではあるが，それでも未設置の自治体が圧倒的に多い。平成27年4月現在で設置は80箇所である。都道府県と政令指定都市では過半数が設置している一方で，市区町村における設置割合はわずかとなっている。担当部署の設置の困難さや地域の担い手がいないといった理由が多い。

イ 子供・若者育成支援推進大綱

子ども・若者育成推進法の施行を受け，各種施策の推進を図るものとして，平成22年に子ども・若者ビジョンがつくられた。その後，平成28年に，これに代わるものとして子供・若者育成支援推進大綱が定められている（表記が，「子ども」から「子供」に変わっている）。

● 子供・若者育成支援推進大綱の概要

子供・若者育成支援推進大綱の目的は，

- 全ての子供・若者が自尊感情や自己肯定感を育み，自己を確立し，社会との関わりを自覚し，社会的に自立した個人として健やかに成長するとともに，多様な他者と協働しながら明るい未来を切り拓くことが求められている。
- 子供・若者の育成支援は，家庭を中心として，国及び地方公共団体，学校，企業，地域等が各々の役割を果たすとともに，相互に協力・連携し，社会全体で取り組むべき課題である。なお，一人ひとりの子供・若者の立場に立って，生涯を見通した長期的視点，発達段階についての適確な理解の下，最善の利益を考慮する必要がある。
- 全ての子供・若者が健やかに成長し，全ての若者が持てる能力を生かし自立・活躍できる社会の実現を総がかりで目指す。

としている。

また子供・若者育成支援推進大綱では，

- 全ての子供・若者の健やかな育成として，①自己形成のための支援，②子供・若者の健康と安心安全の確保，③若者の職業的自立，就労等支援，④社会形成への参画支援
- 困難を有する子供・若者やその家族の支援として，①子供・若者の抱える課題の複合性・複雑性を踏まえた重層的な支援の充実，②困難な状況ごとの取組，③子供・若者の被害防止・保護

が内容とされている。

● 子供・若者育成推進大綱の特徴

　子ども・若者ビジョンを刷新する形で定められた子供・若者育成支援推進大綱（以下，「若者大綱」）と，子ども・若者ビジョン（以下，「若者ビジョン」）とは，いくつかの点で特徴的な相違がある。

　若者ビジョンでは，子ども・若者は，大人と共に生きるパートナーとして，権利の主体としての側面を掲げ，同時に，大人社会の在り方の見直しも理念の1つとされ，社会側の責任をうかがわせる表現がなされていた。

　これに対して，若者大綱では，若年層を権利主体として扱う記載がなくなり，子どもや若者は，独自の価値や権利を持つカテゴリーという発想が消えて，単

に「大人以前の存在」とする位置付けになっている。また，大人や社会側の在り方を見直すといった理念は，後景に退き，子どもや若者の支援や応援といった後見的内容が強調されている。

　子ども・若者の就労支援，社会参画は，若者大綱，若者ビジョンとも取り上げられているが，いずれも「第3」という位置付けである。

　若者大綱の特徴は，EUの若者白書と比較するとより顕著である。

　EUの若者白書では，社会参画といったシティズンシップの観点が第1に掲げられ，次いで，日本の青少年健全育成に当たるノンフォーマル教育が第2に述べられ，最後に就労支援といった経済政策について触れられている。日本の若者大綱が，青少年健全育成を中核とし，その一部として社会参画と就労支援が付け加えられるのとは大きく違っている。

　これは，主として，若者政策を社会全体の責任として捉えるか否かの差である。社会側の責任として取り組むのであれば，若者の政治的，経済的地位を向上させる施策が前面に出てくる。これに対して，若者政策をあくまで本人たちの自助努力の範疇と捉えれば，若者の社会参画や就労支援は，後続的・付属的な位置付けになる。

　少子化や超高齢化が急速に進む中，社会の持続には，若者の主体的，自立的な活動が不可欠であるが，それゆえ若者政策の展開は，若者個人の責任と対応に委ねるだけでは十分ではなく，社会全体において，きちんと制度的裏付けを持つ政策として取り組むことが必要で，その中においても，地域を基盤とする地方自治体が果たすべき役割は大きいものがある。法を乗り越える自治体の政策が問われている。

ウ　地方創生と若者

　全国の自治体で地方版の総合戦略がつくられたが，その内容は，どこも，

- 　地方における安定した雇用を創出する
- 　地方への新しいひとの流れをつくる
- 　若い世代の結婚・出産・子育ての希望をかなえる
- 　時代に合った地域をつくり，安心なくらしを守るとともに，地域と地域を連携する

の4本柱が基本目標である。[9] 全国で始まった地方創生の目標は，いずれも若い世代の希望実現（自然増），人が集まるまち（社会増），安心して暮らせるまち（定住）で，ここででもカギを握るのは若者である。

　若者政策は，地方が先行し，国が後追いする形になったが，あらためて地方創生にとっても，若者政策が中核的な政策であることが明確になった。

　地方創生は，人口減少，東京の一極集中の時代にあって，若者に光が当たることになったが，ともすると政策の力点が，若者の囲い込みになっている。つまり定住政策で若者を引き込むが，移住してきた若者あるいは，これまで居住していた若者の流出をできるだけ阻もうとする，いわば「囲い込みの政策」である。

　しかし，こうした若者政策は，もともと無理があるし，若者政策立案の趣旨に反することになる。日本国憲法には，居住の自由，移転の自由，職業選択の自由（憲法22条1項）が保障されていて，若者が，自分の欲する場で活躍することを阻む理由はないからである。

　したがって，若者政策で目指すのは，若者たちが行ってみたいと思えるまち，つまり新たな流入を目指すまち，あるいは，必要があり，またやむをえず離れたが，戻って来ようと思うまち，あるいは戻ることは叶わないけれども，遠く離れていても，気になるまちづくりである。要するに，若者にとって魅力的な自治体をつくろうというのが地方創生の本意である。若者政策も，そうした魅力的なまちをつくるための政策の1つであることを忘れてはならない。

3　地方版総合戦略と若者政策

(1)　地方版総合戦略

　人口減少に伴う課題を克服するため，国は，日本全体で目指すべき人口の将来展望を示す長期ビジョンと，長期ビジョンを踏まえた今後5カ年の政策目標

---

9)　総合戦略策定にあたって留意すべきこととして，「都道府県まち・ひと・しごと創生総合戦略及び市町村まち・ひと・しごと創生総合戦略の策定について（通知）」（閣副第979号平成26年12月27日）が出されている。

第2章　若者政策の体系──世界・国・自治体の若者政策を踏まえて　53

図表2-15　国の総合戦略における4つの基本目標

地方における安定した雇用を創出する
①地域産業の競争力強化（業種横断的取組） 包括的創業支援，中核企業支援，地域イノベーション推進，対内直投促進，金融支援
②地域産業の競争力強化（分野別取組） サービス業の付加価値向上，農林水産業の成長産業化，観光，ローカル版クールジャパン，ふるさと名物，文化・芸術・スポーツ
③地方への人材還流，地方での人材育成，雇用対策 「地域しごと支援センター」の整備・稼働 「プロフェッショナル人材センター」の稼働

地方へのひとの流れをつくる
①地方移住の推進 「全国移住促進センター」の開設，移住情報一元提供システム整備，「地方移住推進国民会議」（地方移住（二地域移住を含む）推進），「日本版CCRC」の検討・普及
②地方拠点効果，地方採用・就労拡大 企業の地方拠点強化等，政府関係機関の地方移転遠隔勤務（サテライトオフィス，テレワーク）の推進
③地方大学創生5カ年戦略

若い世代の結婚・出産・子育ての希望を叶える
①若者雇用対策の推進，正社員実現加速
②地域産業の競争力強化（分野別取組） 「子育て世代包括支援センター」の整備，子ども・子育て支援の充実，多子世帯支援，三世代同居，近居支援
③仕事と生活の調和（ワークライフ・バランス）の実現 育児休暇の取得促進，長時間労働の抑制，企業の取り組みの支援等

時代に合った地域をつくり，安心なくらしを守るとともに，地域と地域を連携する
①「小さな拠点」（多世代交流，多機能型）の形成支援
②地方都市における経済・生活圏の形成（地域連携） 都市のコンパクト化と周辺等のネットワークの形成，「連携中枢都市圏」の形成，定住自立圏の形成促進
③大都市圏における安心な暮らしの確保
④既存ストックのマネジメント強化

（出典）　まち・ひと・しごと創生本部『まち・ひと・しごと創生総合戦略』を参考に作成。

や施策を定めた総合戦略を策定した。

　国は，自治体において「長期ビジョン」と「総合戦略」を勘案した「地方人口ビジョン」と「地方版総合戦略」を策定し，国と自治体が一体となって「まち・ひと・しごと創生」に取組むことを求めており，自治体の取り組みが最大限の成果を発揮できるように，国家戦略特区との連携や規制改革の推進，社会保障制度や税制の整備，財政的な支援等を行うこととしている。

(2)　地方版総合戦略と若者──神奈川県と秋田県の対比で

ア　神奈川県と秋田県の概況

　地方版総合戦略において若者がどのように捉えられているかを，神奈川県と秋田県を例に取って考えてみたい。

　神奈川県は東京圏のいまだ人口が増えている地域である。他方，秋田県は平

図表2-16　神奈川県と秋田県の状況

	神奈川県	秋田県
人口減少への転換	2018年（推計）	1956年
自然減への転換	2014年	1993年
社会減への転換	一貫して増	一貫して減

（出典）　著者作成。

成26年度のおける対前年の人口減少率がもっとも高く，人口が減り続けている地域である。それぞれ状況が大きく異なる2つの自治体を比較しながら若者の扱いを見てみる。

　両県の状況は図表2-16のようになっている。

　秋田県の人口がピークに達したのは1956年であり，日本全体の本格的な人口減少は2008年からなので，それよりも50年以上前から人口が減っていることになる。対して，神奈川県の場合は，人口のピークアウトはあくまで将来の推計である。

　自然減についてであるが，これは県内の出生数と死亡数の差についての見方である。出生数に対し，死亡数の方が上回っている状態を自然減と言う。神奈川県では2014年にこの自然減に転じたが，秋田県では90年代の初頭からすでに自然減となっている。

　また，ある区域内で，転入数に対し，転出数が上回っている状態を社会減と言うが，これについては両県で状況が大きく異なっている。神奈川県は現在に至るまで一貫して転入数の方が多い傾向にある。これとは反対に，秋田県は一貫して転出数の方が多い社会減にある。

イ　秋田県と若者

　秋田県の地方版総合戦略では，社会減対策として，「移住・定住対策」として「若者の県内定着の促進」が挙げられている。また，「魅力的な仕事づくりによる若者等の県内定着や企業経営者の高齢化に伴う後継者の確保等が課題となっている」[10]としており，経済・産業政策は，若者の県内定着のための取り組

---

10)　秋田県「あきた未来総合戦略」25頁。

みの1つであり，社会減対策の意味合いを色濃く持っている。秋田県にとって人口減少とは「県外への若者流出」を指している。

一方で，自然減対策については，「目指すべき方向」の1つとして「自然減の抑制」という項目がある。しかし，流れに沿った一般的な範囲で述べられており，それほど特徴的な方向性は見出せない。秋田県では神奈川県よりかなり早く自然減に転じているが，であれば，よりブラッシュアップされた施策や視点が出てきそうであるが，そう簡単ではないということだろう。

ウ　神奈川県と若者

神奈川県の地方版総合戦略では，自然減対策として，「3つのビジョン」を掲げており，そのうちの1つが「合計特殊出生率の向上」である。そこには，「若者をとりまく厳しい雇用環境を改善したり若者の経済的基盤を確保することが必要です。また，生まれた子どもを健康に育てる環境づくりやしごとと子育ての両立を図るための働き方の改革なども出生率上昇に資すると考えられます。こうした施策を総動員して，地道に，着実に進めていくことで，出生率を向上させていくことは可能だと考えられます」[11]と書かれている。神奈川県では，秋田県と違って，経済・産業政策は，自然減対策と結びついている。

他方，社会減対策については，現時点で神奈川県は社会減の状況にはないが，近年は転入数は減少傾向にある。そこで，他の地域からヒト・モノ・カネを引きつける「マグネット力」の向上を目指すと述べられている。特に観光や留学生の呼び込みといった観点が強く，この点からやはり経済・産業政策ともつながっていく。このマグネット力の内容に関しては色々な見方があるが，本書の関心で言うと，若者だけが特段の対象ではなく，「若者を含むすべての人」が政策の対象であるという側面がある。

秋田県にとって人口減少とは「県外への若者流出」を指しているのに対し，社会減の状況にない神奈川県にとって，人口減少とは「出生数の低下」を指していると言える。

---

11)　神奈川県「神奈川県まち・ひと・しごと創生総合戦略」3頁。

図表2-17　神奈川県内の「地方版総合戦略」における
「若者」の語数順位

順　位		語　数
1	愛川町まち・ひと・しごと創生総合戦略	14
2	箱根町まち・ひと・しごと創生総合戦略	13
3	神奈川県まち・ひと・しごと創生総合戦略	12
3	横浜市まち・ひと・しごと創生総合戦略	12
5	湯河原町まち・ひと・しごと創生総合戦略プラン	11
6	茅ヶ崎市まち・ひと・しごと創生総合戦略	10
7	相模原市まち・ひと・しごと創生総合戦略	9
7	海老名市かがやき持続総合戦略	9
9	大磯町人口ビジョン・総合戦略	7
9	清川村まち・ひと・しごと創生総合戦略（案）	7

（注）　清川村についてはホームページに素案しか見当たらなかったた
　　　め，素案により数えた。図表2-17には表れていないが，真鶴町は
　　　策定済みのようであるが同様にホームページ内に見当たらなかっ
　　　たため，0として算定している。
（資料）　各「地方版総合戦略」より作成。

エ　「若者」という用語に着目すると

　内容にかかわらず，「若者」という用語がどれだけ出てくるかを神奈川県も
含めた県内自治体の総合戦略から数え上げると，上位は図表2-17の通りであ
る。

　内容については考慮しておらず，表現の綾もあるので，一概に関心の違いと
は言えないが，0～3語程度だけ「若者」と記す自治体が33団体中24自治体と
なっていた。

　他方，秋田県では，図表2-18のようになっている。[12]

　神奈川県と比べると上位6自治体の語数は突出している。1位の「あきた未
来総合戦略」は秋田県庁のものであり，神奈川県庁との違いは際立っている。

　秋田県内の自治体すべてに言えることであるが，社会減として人口流出につ
いて大きく取り扱っており，社会減の話を簡易にしか扱わない神奈川県内との

---

12)　平成27年は国勢調査があり，国勢調査の年の人口推計の公表は遅いため，平成27年のデー
　　タが執筆時点では参照できない。そのため平成26年を参照した。

図表2-18　秋田県内の「地方版総合戦略」における「若者」
　　　　　の語数順位

順　位		語　数
1	あきた未来総合戦略	50
2	横手市まち・ひと・しごと創生総合戦略（第1版）	33
3	まち・ひと・しごと創生藤里町総合戦略	24
4	湯沢市まち・ひと・しごと創生総合戦略	22
5	大仙市まち・ひと・しごと創生総合戦略	19
5	仙北市総合戦略	19
7	にかほ市まち・ひと・しごと創生総合戦略	14
8	能代市まち・ひと・しごと創生総合戦略	13
9	小坂町まち・ひと・しごと創生総合戦略	9
9	由利本荘総合戦略	9

（資料）　各「地方版総合戦略」より作成。

違いが若者の語数にも影響している。

オ　プラスアルファとして

　さらに，両県とも自然減や社会減の話に絡めて，プラスアルファの観点を記
載している。神奈川県では「未病」，秋田県では「持続可能な地域づくり」で
ある。

　神奈川県には，転入を受ける側の地域であったことによって，秋田県よりも
深刻になっている課題がある。それは急激な高齢化である。「神奈川県では，
高度経済成長期に生産年齢人口の転入超過が続いたことから，その世代の高齢
化が進み，全国1，2を争うスピードで高齢化が進展すると言われています[13]」
としている。

　ここで「未病」という考え方を掲げ，「「未病」の取組みによる健康長寿社会
の実現」について述べられている。「未病」とは，「健康と病気の連続的な変化
の過程」といった説明がなされているが，つまりは，健康寿命の延伸を目指す
政策全体の標語として扱われている。特定の疾患に至らないよう，予防的な考

---

13)　神奈川県「神奈川県人口ビジョン」25頁。

え方，取り組み，あるいは産業をバックアップし，高齢化に際して拡大する医療や介護需要を抑えることが主眼である。そのためには若者も含めた広い世代にこの「未病」の考え方を浸透させる必要があると言えるが，しかし，政策のターゲットは高齢者であり高齢化である。

これに対して秋田県では，同じく高齢化も含めた人口減少への総合的対策として「持続可能な地域づくり」を挙げ，「新たな地域コミュニティの構築」を基本目標に掲げている。「地域資源の活用を促進するとともに，地域活動や社会活動の担い手となる女性・若者等の活動を支援するほか，多様な主体との協働を促進し，コミュニティの維持・活性化を図る[14]」と書かれている。

地域の機能低下を補うため，様々な主体に地域へ関心を持ってもらうことが重要であるが，「多様」の中身として具体的に押し出されているのは若い世代である。「若者や女性のコミュニティ活動への参加促進」，「地域ぐるみで子どもを育む環境を整える」，「若者団体の育成を図る」，「青少年の地域貢献活動への積極的な参加の促進」，「困難を抱える若者を支援する体制を整え，進学・就職等や地域貢献活動への参加につながるよう支援を行う[15]」等の記載がある。

まとめると，神奈川県の「未病」が対象の広い施策群でありつつも，メインターゲットは高齢者であるが，同じ体裁で，秋田県の「持続可能な地域づくり」は多様な主体が対象の施策群でありつつも，メインターゲットは若者となっているという対比がある。

カ　まとめ

以上，神奈川県と秋田県の地方版総合戦略を比較検討したが，そこから若者政策との関係については，次のような一般化ができると思われる。

第1に，東京圏においては若者政策は，自然減対策に重点が置かれ，他方，非東京圏（地方）では，社会減対策が施策の中心になっている。

第2に，どこの自治体とも，経済・産業政策の記載にかなりの分量を割いているが，東京圏では，仕事と子育ての両立などによる出生率向上といった自然減対策との関連性が強いが，他方，非東京圏（地方）では，若者の流出を防ぎ，

---

14)　秋田県「あきた未来総合戦略」53頁。
15)　秋田県「あきた未来総合戦略」54-56頁。

第2章　若者政策の体系——世界・国・自治体の若者政策を踏まえて　　59

地元に定着させるための社会減対策に比重がかかっている。

　第3に，若者という用語の使用頻度比較から分かるように，東京圏では，「若者を含むすべての世代」といった取り扱いになりやすいが，非東京圏（地方）では，若者問題はより深刻で，それゆえ「若者」に特化した政策が求められてくる。

　ここから言えるのは，自治体の若者政策が，東京圏と非東京圏（地方）とでは，置かれる重点が異なり，それぞれが独自の発展的展開をとげる可能性を秘めているということだろう。

4　若者政策の体系

⑴　若者政策の全体像

　若者が抱える政策的な課題（自己形成的自立，経済的自立，社会的自立）と政策対象である若者の種類（困難を抱える若者，すべての若者）から合計6区分ができる。この観点から，若者政策の全体像を概観する。

ア　自己形成的自立＋困難者（①）

　自己形成的自立の困難者とは，社会生活を営んでいく上で必要不可欠となる他人や社会との関係構築に困難を抱える者であり，ひきこもりや不登校，非行や犯罪に関わっている若者である。

　これに対する政策としては，基本は，困難を抱える本人を対象とする施策が中心で，ひきこもりや不登校であれば，相談やカウンセリングが典型的なものである。非行や犯罪に関する政策としても，治安維持政策といった規制的手法を除けば，相談活動が広く行われている。この場合の相談者は，若者に加え，その保護者が念頭に置かれている。

　同時に，本人の変化でなく社会の変化を促す政策も見受けられる。例として障害者の就学のための支援，例えば小中学校における各種障害に応じた特別支援学級の設置などである。その他にも，いじめや虐待，子どもの貧困といった問題群は，自己形成的自立に困難をもたらすものとして，若者のための環境整備に政策の力点が置かれる傾向がある。

図表2-19　若者政策における基本的枠組み

対象＼性質	自己形成的自立（ア）	経済的自立（イ）	社会的自立（ウ）
困難者（a）	①	③	⑤
若者全体（非困難者含む）（b）	②	④	⑥

（資料）　著者作成。

イ　自己形成的自立＋すべての若者（②）

　自己形成的自立に関して，すべての若者に行われている政策は，何よりも学校教育全体が当てはまる。社会科学や自然科学等の基礎的な素養に加え，学校教育においては，規範意識や生活習慣の助言や指導も行われる。またコミュニケーション能力の向上に関する教育もある。国や地方自治体における青少年教育のための施設で取り組まれている政策は，上記の各種教育の延長あるいは連携が意図されていると言える。

　上で挙げたものだけでも，実際には多種多様かつ膨大な取り組みがなされているが，地域社会を通じた取り組みもここに含まれる。自治会をはじめ，子ども会や青年会議所といった団体が若者を対象として行う活動は，学校教育外でのノンフォーマル教育や生涯学習といった形ですべての若者に向けられているものが多い。

ウ　経済的自立＋困難者（③）

　経済的自立の困難者とは，失業者やニートといった若者等を指す。自己形成的自立には難がなく，社交関係を築く能力がある場合でも，自活していくことが困難な若者である。

　この分類に当てはまる政策として，直接的には就労支援，間接的にはキャリア教育といったものが挙げられる。現在，国により示されている子供・若者育成支援推進大綱や，それを受けた地方自治体による子ども・若者支援地域協議会による若者政策の枠組みは，従来の自己形成的自立に，この経済的自立支援を加える体裁となっている。

　これらにおいては，学校教育から就労へとスムーズに移行することが目指さ

れており，この分野の政策の奏功が若者政策のゴールとして扱われている。インターンシップや職業訓練といった様々な政策が練られているが，基本的には正規雇用が日本の若者政策の終着点に置かれている。言い換えると，上記の**ア**や**イ**を含め，若者を正規雇用に導く政策群をパッケージ化する動きが若者政策と呼ばれている。この場合は就業能力獲得といった若者の変化が主眼となっている。

エ　経済的自立＋すべての若者（④）

　経済的自立に関して，困難者でなくすべての若者を対象とした政策としては，若者のUターン・Iターンの促進，子育て世代の定住化事業などがその例である。こういった政策は，特に過疎化が進んでいる地方自治体で集中的に取り組まれている政策群である。

　その取り組みの代表例が，徳島県神山町のワークインレジデンスである。徳島県の山間部に位置する神山町は，過疎化，少子化，経済の衰退という課題を抱えているが，その解決のために，過疎化の現状を受け入れ，外部からの子どもを連れた若者夫婦や起業家や仕事を持っているクリエイティブな人材といった移住者を誘致することで人口構成の健全化を図るとともに，多様な働き方を実現することでビジネスの場としての価値を高めることのできる施策を採用している。国の政策としては，子供・若者育成支援推進大綱において「仕事と生活の調和（ワーク・ライフ・バランス）」が挙げられているが，神山町では，これを「創造的過疎」として，国の政策を先取りする形で，取り組んでいる。

オ　社会的自立＋困難者（⑤）

　社会的自立とは，就労以外の形態での社会との関わりや興味関心を指している。

　ここで言う社会的自立に関する困難者とは，自己形成的自立や経済的自立について困難を抱えていないが，社会的自立において困難を抱えている若者を指す。

　具体的には，特に支障なく学業生活を送り，就職し自活しており，かつ，まったく地域や社会の出来事に関心がない若者ということである。

　社会との関係性に障害を持つ若者を育む例として，秋田県藤里町のひきこも

り政策がある。藤里町は，秋田県の北，青森県との境にある人口約3,700人の町であるが，この町の社会福祉協議会が，ひきこもり対策に取り組んだ。

　まずひきこもりの全戸調査（実数把握調査）を行い，訪問調査を行った。すると，3,700人のまちで113人のひきこもりがいることが分かり，その調査を踏まえて，これらの人を地域に引き出す仕組みづくりと実践を行った結果，50人以上が地域に出てくるという成果を上げた。

　藤里町の取り組みで注目するのは，「ひきこもりの人たちは，地域の資源」という発想である。ひきこもりを地域のお荷物だと考えると，見て見ぬふりをすることになるが，地域の資源と考えると，その資源をもっと引き出し，もっと応援していくことになる。

　その他には，2015年度から全国の自治体で取り組まれている生活困窮者自立支援制度がある。この制度は，支援対象者への包括的な相談支援を軸としたものだが，ここにおける「生活困窮」とは，通常の経済的な困窮にとどまらないものとされ，特に社会的孤立も重要な対象者となっている。

　若者で言えば，学校中退やいじめ，何らかの理由による保護者からの分離などは，社会的孤立に直結しやすい。こういった支援を必要とする人たちへ，経済的自立のみならずさらに社会的なつながりや興味関心を育む支援を行うよう，各自治体が創意工夫のもと取り組むための制度である。そのため，制度の目標は，支援対象者への個別の支援だけでなく，「居場所」をつくることや地域のネットワーク強化といった，「地域づくり」にも置かれている。[16] 創設後間もないが，本書の分類で言う「社会的自立の困難者」への支援制度として発展していく可能性が期待できる制度である。

カ　社会的自立＋すべての若者（⑥）

　すべての若者を対象にした社会的自立政策として，シティズンシップ教育がある。シティズンシップ教育とは，「社会の一員として自立し，権利と義務の行使により，社会に積極的に関わろうとする態度を身に付けるため〔の〕，社会

16）　厚生労働省HP「生活困窮者自立支援制度について」（http://www.mhlw.go.jp/file/06-Seisakujouhou-12000000-Shakaiengokyoku-Shakai/2707seikatukonnkyuushajiritsusiennseidonituite.pdf）。

形成・社会参加に関する教育[17]」である。

　学校教育では，社会制度の仕組みを伝えることが重視されているが，模擬選挙のような形で実地的な体験を加味する手法も必要と考える。スウェーデンの例で見たように，生徒会の担う役割を強めるような方向もある。日本では国による各種の通達により生徒会の役割が限定されてきた経緯もあるが，シティズンシップ教育の一環として見直していく必要がある[18]。

　また，若者の行政への参画を拡大することも，この政策である。第3章で取り上げる新城市による若者議会や，審議会等の付属機関への若者枠設置といった政策である。行政への参画政策は，若者と距離がより近い地方自治体の方が有利である。その他にも若者に向けたイベントの活性化といった，自治体が直接若者に働きかけるだけでなく，若者相互の交流を促進する政策もある。

　加えて，行政に限らず社会全体への関わりとして，企業や地域コミュニティへの参画もある。前者はインターンシップ，後者はボランティア活動支援といった枠組みがある。

⑵　若者政策の体系化

　上述した若者政策の基本的枠組みを，体系として図示すると図表2-20のようになる。

　まず，若者の自立は，おおよそ①の自己形成的自立から進み，②の経済的自立を経て，③の社会的自立に至る時系列にある。

　①から③の各自立において，困難者対象の政策は，個々の若者への相談に応じるような個別対人的な支援が最も多く取り組まれている。これを踏まえ，今後より一層求められるのは，それぞれの若者への状況やニーズに応じたケアと，各政策領域に阻まれない一貫性である。これらを含めて，「包括的パーソナルサポート政策」と表現した。子ども・若者支援地域協議会の設置といった取り組みでは，学校と社会，特に就職へと適切につなげる方法を模索していると言

---

17)　内閣府「平成27年度版　子供・若者白書」117頁。〔　〕内引用者。
18)　初等中等教育長による「35年通達」と文部省による「45年通達」については，林大介『「18歳選挙権」で社会はどう変わるか』集英社，2016年を参照。

図表2-20　若者政策の体系図

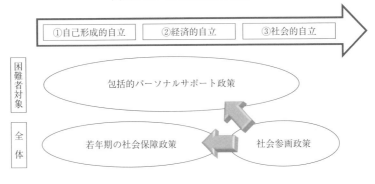

（資料）著者作成。

える。

　一方で，対象である全個人に個別的・多面的な支援を行い続けることには限度があり，加えて，家庭や社会の経済状況といった本人に帰責できない要素の影響が非常に大きい。この考えを掘り下げていけば，個人的な支援に終始せず，社会側の責任として，若者を対象とした「若年期の社会保障政策」に取り組まなければならない。これが上掲の図の左下に示したものである。例えば正規雇用へ至らず企業福祉に取り込まれなかった若者等への福祉政策といったものが該当する。ほとんど未開の分野であるが，本格的な政策的対応が求められるものである。

　図の右下に「社会参画政策」と記したが，この含意は2点あって，1つは審議会等への若者参画と，もう1つは，地域や社会への若者参画である。本書では，若者参画条例というかたちで，その具体策を提案している。図中において「社会参画政策」から他の政策への矢印を描いたのは，そういった若者の意見により，他の若者政策を充実させていく圧力を表現したものである。

　後述するが，若者議会や若者枠による行政への参画は，代表制の問題もはらむことに注意すべきである。つまり，積極的に参画する一部の若者の声だけを反映してしまう可能性や「大人にとって都合のいい一部の子ども・若者を取り

第2章　若者政策の体系——世界・国・自治体の若者政策を踏まえて　　65

こみ，そうでない者を文化的に排除するものとなってしまう危険性[19]」があるからである。この問題は要するに，若者政策を考えるにあたっては，若者政策の光と影に目配せした政策的対応が求められるということでもある。[20]

---

19) 新谷周平「参加・参画論の展開と理論的課題――子ども・若者・大人の関係性から――」子どもの参画情報センター編『子ども・若者の参画―― R.ハートの問題提起に応えて』2002年，39頁。

20) 西川明子「子ども・若者の政策形成過程への参画」国立国会図書館調査及び立法考査局『レファレンス』2016年。

第3章　自治体における若者参画政策の現状

　本章では，広義の若者政策のうち，若者が自治体の政策形成やまちづくりへ参画することを促進する政策（若者参画政策）に絞って，その現状を紹介する。

1　神奈川県内自治体アンケート調査から

　この調査は，2013年度の神奈川県市町村研修センターにおける政策形成実践研究[1]の一環として，神奈川県内の自治体（横浜市を除く）が，若者参画政策について，どのような意識を持ち，取り組みを行っているのかアンケート調査を行ったものである。[2]回答率は，100％であった。

　結論を先取りすると，神奈川県内の各自治体は，若者の意見を政策に反映させる必要があると考えてはいるものの，特に若者に焦点を当てて，自治体の政策形成過程に参画させるための取り組みは，ほとんど行っていないことが分かった。

(1)　若者の意見を政策に反映させる必要性について

　自治体の政策形成に若者の意見を反映させる必要性については，全自治体で，必要があると考えている。

　その理由は，次の3つに分類できる。①若者そのものを対象に，若者を将来の社会の担い手として意識するもの，②若者をあくまでも市民を構成する世代

---

　1)　神奈川県市町村研修センターは，神奈川県内市町村の共同研修機関である。2013年度のテーマは，若者参画であった。
　2)　アンケート結果については，神奈川県市町村研修センター「平成25年度　政策形成実践研究報告書」82頁以下を参照。

の1つと捉えるもの，③その他である。

　第1の「若者を将来の社会の担い手として意識する」という理由を挙げた自治体は，全33自治体中19自治体で，およそ57.6％であった。回答の一部を紹介すると，

- 市民の意見や要望を的確に捉えた政策を推進するためには，これからのまちづくりを担う若者の意見は特に必要である。
- 次代を担う若者が，自分たちのまちを自らが考え良くしていこうとすることは，将来に向けたまちづくりにおいて重要だと考える。
- 高齢化の進行により人口に占める若年層の比率が低下していることから，今後若者の意見が政策に反映されにくくなる可能性があるが，将来を見据え，持続可能な社会を実現するためには，次代を担う若年者が政策形成過程に参画する必要があるのではないか。

などである。

　将来のまちづくりや社会の持続性を見据え，その担い手となる若者の意見を自治体の政策形成に反映させたいという姿勢がうかがえる。

　第2の「若者をあくまでも市民を構成する世代の1つと捉える」という理由を挙げた自治体は11自治体で，約33.3％あった。

- 市民は年代に関係なく，社会の一員として尊重され，まちづくりに関わることができると考える。
- 若者を含めた多くの市民の意見を政策に反映させる必要があると考えている。
- 若者に限らず，全世代からの意見を反映させたい。

などの回答があった。

　若者を特に意識するというよりは，若者も含めた各世代から広く意見を聴き政策に反映させたいという考えがあると読み取れる。現状の政策で見ると，多くの自治体の若者参画政策は，この位置付けである。

　第3の「その他」としては，「若者の意見を政策に反映させることは，若者が社会参加・参画を通じて自己決定・自己責任と共同決定の感覚や，公平・公正な精神を養い，若者の健やかな成長を支援する上で必要である」などの理由があった。

図表3-1　伊勢原市第5次総合計画

指　　標	市や地域の事業などに参画した若者の延べ人数	
	現状値〔平成23 (2011) 年度〕	目標値〔平成29 (2017) 年度〕
	50人	250人
指標の定義	若者の健全育成に関するイベントとして市や地域が実施する事業の企画・運営に参画した若者（18歳から29歳）の延べ人数	

（出典）　伊勢原市「伊勢原市第5次総合計画」71頁より。

　以上の通り，自治体によって理由は異なるが，神奈川県内のすべての自治体が，若者の意見を政策に反映させる必要性はあると考えていることが分かった。

⑵　総合計画における若者の社会参画に関する記載の有無について

　若者の政策形成への参画（若者を自治体の政策の意思決定過程にできる限り最初のうちから参加させること）について，総合計画に明記しているかを確認した。記載していると回答があったのは，伊勢原市のみであった。

　確かに伊勢原市の総合計画を見ると，明確に「若者」の社会的自立を意識した表記になっている。若者（ここでは20歳から29歳を対象）が市政や地域に関わり，若者が持つ斬新で柔軟な発想を市政や地域活動に活かす事業を展開すると明記されている。また，若者が社会に参画できる仕組みを構築するとともに，子ども・若者の育成や活動の拠点となる施設の運営管理を総合的に行う旨の記載もある。また伊勢原市は，若者の参画について数値目標を掲げているのが特徴である。ちなみに伊勢原市では，総合戦略の策定メンバーにおいても工夫があり，「若者代表」を据えている。

　むろん，そのほかの自治体の総合計画でも，「若者を含めた〜」という意味で，市民等の言葉を使っていることは間違いないが，既存の施策の対象に「若い世代」を含めるだけでなく，若者そのものを単体として政策対象とする発想に注目するものである。

⑶　総合計画制定に関わる審議会委員の若者枠について

　総合計画の制定に関わる審議会について，若者（15歳から39歳）を対象とした

第3章　自治体における若者参画政策の現状　　69

委員の枠を設けている自治体は，2自治体あった。「青年会議所の会員に委嘱する枠」と子育て世代の声を反映させるために「就園就学前の子どもを育てている市民に委嘱する枠」を設けている。

　なお，この2つの自治体とも，前述の「若者の意見を政策に反映させる必要性について」は，若者は「将来の社会の担い手」であると回答している点が示唆的である。

⑷　総合計画制定に関わる審議会委員の全体人数，若者の人数，平均年齢について

　総合計画の審議会委員の平均年齢等については，現在委嘱中の委員がいない自治体や年齢を正確に把握していない自治体もあり，全体人数の回答があった自治体は29，若者の人数の回答があった自治体は27，平均年齢の回答があった自治体は21であった。

　図表3-2の通り，39歳以下の若者が審議会委員にまったくいない自治体は，回答があった27自治体中18自治体に上った。若者が審議会委員に1人いる自治体は，6自治体，2人いる自治体は，2自治体にとどまった。実に3分の2の自治体が，総合計画の制定に関わる審議会の委員に若者がまったくいないという結果になった。

　なお，若者の人数が一番多いのは5人で，その審議会の全体人数は33人であった。若者の全体人数に占める割合が最も大きいのは，全体人数11人中若者が2人いる自治体で，若者の占める割合は，約18.2％である。ちなみに，総務省統計局が公表している2012年10月1日現在の人口推計によると，日本の人口に占める15歳から39歳の人口の割合は28.7％である。

　また，総合計画の制定に関わる審議会委員の平均年齢は，一番低い自治体でも50歳であり，一番高い自治体は70.8歳であった。すべての自治体で，平均年齢は，50歳以上であった。5歳区切りで集計すると，図表3-3の通りとなる。平均年齢が60歳以上65歳未満の自治体が12と最も多かった。

　この結果から，総合計画の制定に関わる審議会委員に若者があまりいないこと，審議会委員全員に占める若者の割合が，日本の人口に占める15歳から39

図表3-2　総合計画の制定に関わる審議会委員における
若者の人数別の自治体の数（単位：団体）

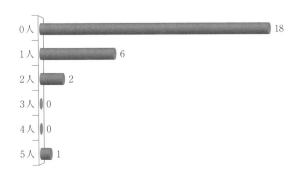

（出典）　神奈川県市町村研修センター「平成25年度　政策形成実践研究報告書」。

図表3-3　総合計画の制定に関わる審議会委員の
平均年齢別の自治体の数（単位：団体）

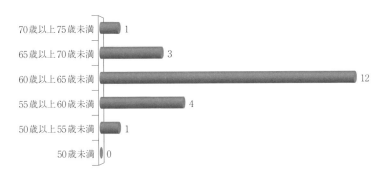

（出典）　図表3-2に同じ。

歳の人口の割合よりも総じて10ポイント以上低いこと，審議会委員の平均年齢が全体的に高いことが分かった。

(5)　神奈川県内の現状分析（まとめ）

　この調査では，自治体計画の根幹に当たる総合計画に，若者の政策形成への

参画を記載している自治体は，1自治体だけであった。また，総合計画の制定に関わる審議会に若者枠を設けている自治体もわずかであった。このことから，神奈川県内のほとんどの自治体が，若者が自治体の政策形成に参画することを強く意識した自治経営を行っていないことが推察される。それは，全国的に見ても，同様な状況であると考えられるが，近年，自治経営の基本に若者参画政策を取り入れた自治体が現れてきたことは，注目に値する。

2　先行事例

(1)　愛知県新城市──若者参画政策に体系的に取り組む

ア　新城市若者参画政策の概要

●歴史の転換点に位置したまち

　新城市は，愛知県の東部，東三河の中央に位置し，旧新城市，鳳来町，作手村の合併によって誕生した町である（2005年10月1日新設合併）。市域は東西約29.5km，南北約27.3kmで，499.23km²の広さである。市域の84％は，山林で，豊かな緑に覆われ，東三河一帯の水源の役割を果たしている。人口は，2015年11月現在で計48,694人であるが，年々，減少傾向にある。

　年齢別人口移動（図表3-4）を見ると，10代後半，20代，30代の若者が大幅な転出超過となっている。入学や就職で，市外に転出する人が多いためである。

　戦国時代，新城は，何度か歴史の転換点に位置した。甲州から信濃を制圧した武田軍が，三河に侵略してくるが，これに対する徳川家康や織田信長と衝突するのが，この新城である。

　武田信玄は，破竹の勢いで攻め込み，新城市の南部，野田城の戦いで勝利するが，病に倒れ，甲斐に帰る途中，むなしく死去することになる。その息子，武田勝頼は，武田氏の版図を大きく広げるが，新城市の設楽が原の戦いで，織田，徳川の連合軍に大敗し，数騎の味方に守られて，ようやく甲斐に逃げ帰った。

　その新城市で，本格的な若者参画政策が取り組まれている。

●新城市若者参画政策の概要

　新城市の若者参画政策は，①若者が自治体政策やまちづくりに参画して活躍

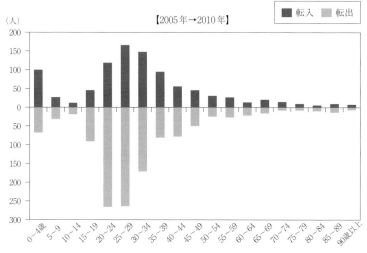

図表3-4　年齢階級別の人口移動

（出典）　新城市人口ビジョン。

できるための諸政策を「若者総合政策（方針編・プラン編）」としてまとめる一方，②若者で構成される「若者議会」が事業の企画・提案をして，それを各担当課が実施し，③それらを市民で構成する「市民自治会議」が助言・チェックするという体系になっている。

そして，新城市の若者参画政策を支えるのが，若者政策条例，若者議会条例である。条例という政策形式を採用しているのは，全国で新城市のみである。[3]

イ　若者参画政策の背景

●背景

新城市で若者参画政策が採用された直接的な契機は，2013年11月の市長選挙において，穂積亮次新城市長の第3期マニフェストで「若者政策」が打ち出されたことに由来する。

マニフェストには，「若者政策市民会議（仮称）を創設し，若者が活躍するまちをめざす総合的政策を策定します。教育，就労，定住，家庭，スポーツ・文

---

[3]　新城市若者政策の全体については，松下啓一・穂積亮次編『自治体若者政策・愛知県新城市の挑戦——どのように若者を集め，その力を引き出したのか——』萌書房，2017年。

第3章　自治体における若者参画政策の現状　　73

化，そして市政参加など若者をとりまく問題を市民全体で考え，若者の力を活かすまちづくり施策を練り上げます」と書かれている。

ちなみにマニフェストに若者政策を打ち出すきっかけについては，穂積市長は，2つの要因があるとする。

「ひとつは，今の日本の社会は若者に温かい社会ではない。若者がみずから声を上げて，政治に参加したり投票に行ったり，まちづくりに参加したりする，その力がないとこの状態は変えることができない[4]」。

そして，もう1つの大きなきっかけとしては，世界新城会議に参加した新城市の若者たちが，「自分の住んでいる地域のことについて知らない，ものを言えなかった。その自分を主張できない悔しさを持って帰り，ユースの会を立ち上げた。そしてその若者達が，2013年度の第1回市民まちづくり集会第2部を運営してくれた。その際に感じた大きなパワーをいかにして新城のまちづくりに活かせるのか，そしてそれをみんなで応援する仕組みができるのか，そこが非常に大きなポイントだと感じた[5]」としている。

若者参画の必要性とともに，実際にまちを何とかしようと考えた若者がいたことを挙げている。

●自治基本条例

新城市の若者参画政策の理論的・制度的バックボーンとなったのが，2012年に制定された自治基本条例である。新城市若者参画政策は，この自治基本条例を基盤にして，それを発展，展開させた政策であるという点がポイントである。

自治基本条例を大別すると監視型と励まし型に分けることができるが，2012年につくられた新城市自治基本条例は，励まし型の条例である。

この条例は，役所や議会を民主的に統制するだけでは市民は幸せになれず，同時に，市民自身が公共を担い，存分に力を発揮してこそ，市民は幸せになれるという理念に基づいてつくられている。行政のほか，市民，地域活動団体，NPO，企業等がその持てる力を発揮して，自治の諸問題に立ち向かっていくことを明確にした条例である。

---

4) 松下・穂積編，前掲書，26頁。
5) 松下・穂積編，前掲書，26頁。

その上で，次世代の担い手として期待されながらも，これまで地域とは疎遠であった若者の出番をつくり，存分に力を発揮してもらおうとするのが，新城市の若者政策や若者議会である。

　そのほか，男性優位社会の中で，出番が少なかった女性の出番をつくる女性議会，身近な自治を実践する仕組みとしての地域自治区，企業や事業者の奮闘を期待する地域産業総合振興条例など一連の政策も，この自治基本条例の理念を具体化する政策である。

　若者参画政策は，従来型の役所依存，役所への要求であった自治を大きく転換し，地域の人や組織がその力を存分に発揮することで，地域が抱える課題を乗り越えていこうという新たな自治のあり方を問い直す提案でもある。

ウ　若者参画政策の構成・内容

●若者総合政策

　若者が活躍できるまちを実現するための政策集が，若者総合政策である。2014年度の1年をかけて若者政策ワーキングと市民自治会議でまとめたものを市長に答申し，市の若者政策の基本構想として定め，2015年度からスタートしている。

　若者総合政策は，4つのテーマから成り立っている。

（1）　好きなことにアツくなれるまち

（2）　ホッ♡ちょっとひといきできるまち

（3）　夢が実現するまち

（4）　あっ，こんなところに素敵な出会い

を掲げ，最終目標である「若者が活躍し，市民全員が元気に住み続けられ，世代のリレーができるまちづくり」（新城市自治基本条例の前文）を実現するものとして定められた。その成果として，勤労青少年ホーム軽運動場のリノベーション，盆ダンス，若者IT講習，若者チャレンジ補助制度，若者合宿補助制度などがある。

●若者議会

　若者条例第10条で，市長は，「若者総合政策の策定及び実施に関する事項を調査審議させるため，新城市若者議会を設置する」と規定されている。その若

者議会の詳細について定めたのが，若者議会条例である。

　若者議会は，市内に在住，在勤・在学するおおむね16歳から29歳までの20名で構成する。その所掌事務については，次の通りである（第2条）。

⑴　市長の諮問に応じ，条例第8条第1項に規定する若者総合政策（以下「若者総合政策」という。）の策定及び実施に関する事項を調査審議し，その結果を市長に答申すること。

⑵　前号に掲げるもののほか，若者総合政策の推進に関すること。

　若者議会には，1000万円の範囲で，若者が必要だと考えた事業の予算提案権を付与されている。政策を提案する際には，その裏付けを説明しなければならないため，若者の責任はきわめて重いものとなる。ちなみに，「若者会議」ではなく，「若者議会」としたのは，単なる話し合いにとどまらず，こうした予算的裏付けを持った政策提案とするためである。

　これまで若者議会としては，図表3-5のような事業を提案している。

●市民自治会議

　市民自治会議は，新城市自治基本条例の実効性を担保する組織である。さらに，若者条例第16条では，市長は，「若者総合政策その他若者が活躍するまちの形成の推進に関する事項について，市民自治会議に諮問することができる」と規定されていて，若者政策を推進する役割も担っている。市民自治会議は，有識者，行政区長の代表，地域協議会会長の代表，公募市民など15名から構成されている。

　年5回程度開催する市民自治会議の中で，自治基本条例の推進と同時に，若者総合政策と若者議会の活動報告を受け，若者総合政策が着実に実行されているか，課題はどこにあるかをチェックし，アドバイスすることが役割である。

●専担組織

　若者参画政策は，新しい政策分野であること，またこれを施策・事業化していくには，推進力が求められることから，専属の係・担当がいることが好ましい。

　新城市では，2014年4月に若者政策係を設置した。企画部市民自治推進課内に置かれ係長（兼務）と主事が配属されている。

　新城市の若者政策係の役割は，外にあっては若者を集め，若者たちが議論す

図表3-5　若者議会の提案（千円）

第1期若者議会 (9,977)	第2期若者議会 (9,552)
ふるさと情報館リノベーション事業 (4,169)	図書館リノベーション事業 (4,949)
情報共有スペース設立事業 (2,880)	ハッピーコミュニティ応援事業 (1,320)
新城市若者議会特化型PR事業 (1,500)	新城市若者議会PR事業 (1,293)
いきいき健康づくり事業 (753)	しんしろ魅力創出事業 (1,366)
お喋りチケット事業 (426)	いきいき健康づくり事業 (41)
若者防災意識向上事業 (249)	お喋りチケット事業 (426)
	若者防災意識向上事業 (157)

（出典）　松下・穂積編，前掲書，52頁。

る場を設け，若者たちの意見をまとめること，庁内にあっては，若者の意見が各政策に反映するように関係部署と調整することである。

● メンター制度

　新城市若者参画政策においては，おおむね39歳までの市職員が経験・知識などを活かし，若者議会委員と協力しながら政策立案のサポートをし，また若者と協力しながら若者総合政策を実施していくメンター職員制度を採用している。[6]

　若者議会では，1グループ5名程度でチームが構成されるが，メンター職員は，そのチームに2人程度配置される。

　メンター職員の役割は，若者側と市役所とのパイプ役である。

・ファシリテーター役……論議が円滑に進むようサポートし，そこで出されたアイディアや課題を政策に結びつくようアドバイスする役割である。

・法令関係・市の計画のチェック……課題が政策になるまでには，法的な問題，市の全体計画との整合性，費用対効果など様々なチェックポイントがあるが，それを行政職員の経験を踏まえてアドバイスするものである。

・予算についてアドバイス……若者議会は予算枠を持ち，また政策を答申する際には，その事業費を明記しなければならない。行政には行政の予算編成ルールや基準がある。それを行政職員の知識と経験を踏まえて，アドバ

---

6)　新城市若者政策メンター職員制度実施要綱で定められている。

イスするものである。

- まちづくり推進課とのパイプ役……若者参画政策の担当課であるまちづくり推進課と若者委員の密なる連携関係をサポートする役割である。
- 若者議会と所管課等との架け橋……政策提案にあたっては，その政策を所管する課とヒアリングや調整が必要になる。若者委員に代わり担当課からメンター職員が聞き取りを行うなどの対応を行う。

エ　成果・評価

●成果

2015年度に設置，開始された制度で，2016年度になって初めて通年の1サイクルを経験した。

2015年は，若者議会は，6つのチームに分かれて検討が行われ，以下のような市長答申が行われた。

- ふるさと情報館リノベーション事業……図書館の郷土資料室を勉強スペースにするというアイディア。郷土資料室の利用が少ないことと，テスト前になると図書館を利用したい高校生で混み合うため，このアイディアが出された。
- 情報共有スペース設立事業……JKPUB（情報共有パブリックスペース）という名前で，駅前にあるスペースを情報共有の公共スペースにして，若者主体の市民活動を生み出す場につくりかえるというもの。
- 新城市若者議会特化型PR事業……新城市の市外へのPRをする事業で，SNSを活用したアイディアが出された。
- いきいき健康づくり事業……健康づくりのために消費カロリーが高いバブルサッカーのイベントを企画したもの。
- お喋りチケット事業……高齢者に対して「お喋りチケット」を配布し，1枚につき1時間若者と話しができる。1時間が終わった後は，チケットを若者に渡し，そのチケットは新城市の地域通貨に変えることができる。高齢者と若者の交流を狙った事業。
- 若者防災意識向上事業……防災訓練や，地域消防団の若者の参加が少ないことに問題意識を持ち，参加を促す仕組みを目指した事業。

●評価

　自治体が抱える課題は，様々な理由があって，容易に解決しない。その理由の1つに，例えば，既存の発想や利害に縛られて，前に進めないという場合がある。若者参画政策は，こうした課題を若者の視点で見直し，事業費の審査を含む若者たちの討議を経た上で，若者自らが対案を考え，それを公的に表明する機会をつくったもので，その意義は大きいものがある。あえて「若者政策」という用語を用い，自治経営の基本から組み立てて体系化していく発想と実践は，大いに評価すべきだろう。

　むろん新城市の若者参画政策にも課題はあるが，一つひとつ乗り越えていく地道な努力と新城市の取り組みをさらに発展させる自治体が生まれてくることを期待したい。

(2)　山形県遊佐町──若者参画政策に先駆的に取り組む

ア　山形県遊佐町

●自然豊かなまち

　山形県遊佐町は，山形県と秋田県の県境に位置し，鳥海山（2,236m）のふもと，庄内平野の北端に位置する人口14,233人の町である（2017年5月末現在）。面積は，208.39㎢の広さを持つ。

　庄内平野の北端に位置する遊佐町の基幹産業は農業で，豊かな田園でつくられる米，丘陵地ではメロン等の果物や根菜類を中心とした野菜の栽培が行われている。また，鳥海山をはじめとする観光資源にも恵まれている。

●人口動態

　国立社会保障人口問題研究所の推計では，遊佐町の人口は，2040年8,396人となり，2010年に比べて7,084人（45.8％）が減少すると予測されている。年齢3区分別の人口では，2010年から2040年にかけて生産年齢人口では5,086人（58.3％）の減少，年少人口も1,025人（61.4％）の減少になると予想されている。

　年齢階級別人口移動数を見ると，15歳〜24歳の減少数が著しい。これは，高校・大学卒業後の進学・就職に伴う転出によるものであると考えられる。遊佐町には大学がないことから，進学による若年層の流出は，恒常的に続くと予

測される。

　ここから，町外に転出前の若者をターゲットにした施策と大学卒業後にＵターンする若者に力点を置いた施策が必要であることが分かる。

イ　少年町長・少年議員公選事業

●事業の概要

　遊佐町では，2003年度から遊佐町少年町長・少年議員公選事業を実施している。遊佐町には，中学校1校 (生徒数328人)，高校1校 (学生数93人) があるが，この遊佐町に在住する中高生と在学する高校生が有権者となり，有権者のうちから立候補した者から，少年町長1名，少年議員10名を投票で選ぶ制度である (遊佐町の若者が通う酒田市の高校でも投票を実施する)。

　2017年度の有権者は738名で，立候補者は少年町長2名，少年議員9名であった。立候補者が定数を超えた時は投票になるが，近年は，立候補者が定数に満たない傾向が続いている。スタート時の2003年度は，少年町長3名，少年議員10名，翌2004年度は，少年町長2名，少年議員14人と定員を超える立候補があったが，その後は，少年町長1名，少年議員は10名に満たない状態が続いている (2010年度は，少年町長は2名の立候補があった)。2017年度は7年ぶりとなる少年町長選挙が実施されたが，定員数10名の少年議員の立候補者は低迷している。定数に満たない時は，立候補者全員が当選となる。

　投票率については，ほぼ80％以上を確保している。2010年度の投票率は88.87％，2017年度は86.86％であった。

●きっかけ

　始めたのは，当時の町長がイギリスの地方都市ミドルズブラ市で行われている青年市長・区長 (Young Mayor) の制度を雑誌の記事で知り，これを参考に遊佐町に導入したものである。イギリスの青年市長・区長 (Young Mayor) の制度は，青少年の民主主義や参加を促す手法であり，2002年にイングランド北部の自治体であるミドルズブラ市で誕生した。

　遊佐町が導入した背景としては，地域づくり，まちづくりをけん引する若者の減少や転出という厳しい現実を前に，地域の中心となる若者を育成し，若者の活躍の場を創るための環境づくり，そして，若者の力，意見を取り入れたま

図表3-6 年齢階級別の人口移動

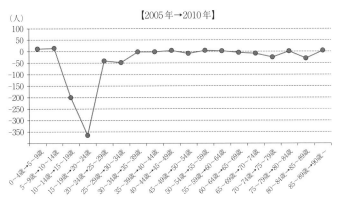

(出典) 遊佐町人口ビジョン。

ちづくりを推進しようとするものである。

この事業の狙いは，次のように整理できる。

(1) 若者たちが，自らの代表を直接選び，政策を実現していくことで，学校外で民主主義を実際に体験・学習することにより社会のシステムを学ぶ。
(2) 未来を担う若者の視点から出された町政への提言や意見を町が積極的に採り上げることを通じて，若者の町政参加を促す。
(3) この事業に関わるすべての関係者が，若者の町政に対する意見に学び，併せて若者たちが，社会システムや民主主義を学ぶ，相互教育の場とする。

ウ 少年町長・少年議会の仕組み

● 組織・権限

少年町長・議員の選挙・被選挙権は，遊佐町在住の中学生・高校生及び在学の高校生である。立候補者は，自らの政策を掲げて選挙に臨む（町長1名・議員10名）。有権者は，選挙権・被選挙権を有するほか，少年議会が実施するアンケートに対し，意見・要望を提出することができる。

少年議会の招集権は少年町長が持っている。少年議会は年3回開催される。少年議会には，遊佐町の町長や副町長，各課長，教育長などが出席し，答弁を行う。また，正式議会のほか，中高生の少年議員だけで行われる全員協議会が

開催される。

　少年議会は，議長及び議長代理を選任する。また，少年議員は，自らの政策立案権と少年町長の議案審議権を持っている。少年町長と議員の兼職は認められていない。このように少年議会は，日本の地方自治制度と同じ二元代表制を採用しているが，議院内閣制の制度として制度設計するという考え方もあるだろう。

　少年町長は，遊佐町少年町長・少年議員公選事業にかかるすべての有権者の代表であり，少年議会で承認された政策の実現のため遊佐町長に対して，予算要望を行う権限を持つ。また，少年議会に交付された政策予算（45万円）の予算執行権を持つ。これは若者自身が実際に具現化できる予算である。中高生有権者にアンケートを行い，その意向を基に少年議会が政策を立案し，彼ら自身が政策を執行する。また町への提言も行うが，その際は，町の各課が予算化する。

　少年監査役もおり，少年監査は，少年議会の附属機関として位置付けられ，予算執行の監査権を持ち，少年町長に勧告を行うことができる。

　行政側の補助役として，少年議会プロジェクト会議がある。これは少年町長，少年議会をサポートする組織で，選挙管理委員会，議会事務局，企画課企画係，教育委員会の職員で組織される。学校を訪問して立候補者募集など，少年議会を実質的に支える役割も果たしている。

● 1年の流れ

　1年の流れは次の通りである。少年議会は年3回開催されるが，第1回は所信表明，第2回は政策提言，第3回は議会報告となる。

　　　5月下旬　各高校＆中学校生徒への説明会
　　　6月上旬　立候補受付期間（1週間）
　　　6月下旬　投票日（各学校にて）
　　　6月下旬〜7月上旬　開票・当選証書交付式
　　　　　　　　　　　　第1回少年議会（所信表明）
　　　7月〜8月　政策立案期間
　　　8月下旬　第2回少年議会（一般質問・政策提言）

図表3-7　遊佐町少年町長・少年議員公選事業構造図

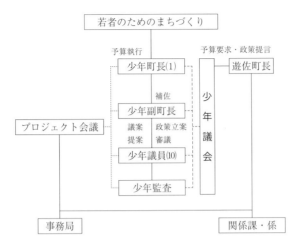

（出典）　遊佐町「遊佐町少年町長・少年議員公選事業実施要項（第13期）」。

8月～12月　政策実施期間

12月下旬　第3回少年議会（議会報告）

エ　政策提言・政策実現

　少年町長・少年議員の活動は，若者のニーズや意見を踏まえて，町に対して行う政策提言（7月～8月）と，少年議会に与えられた予算を使って，自分たちが政策実現する活動（9月～12月）に分かれている。

　まず，若者の意見集約，政策提言（7月～8月）であるが，事務局が事前の生徒説明会等（5月～6月）の際に行った中高生アンケートの内容を基に，少年議員による全員協議会の中で分析し中高生の声を集約する。それらを参考に，第2回少年議会（8月下旬）で政策提言を行うことになる。

　この政策提言から生まれたものとして，通学路への街灯（防犯灯）設置や防災対策（避難路，看板，避難所）の強化などがある。

　第1期の少年議会が行った「ゆざミュージックフェスティバル」の提案は，その後，少年議会の主催事業として，毎年，継続されるようになった。

　町や町の産業のイメージアップのための活動では，「米（べえ）～ちゃん」と

いうキャラクターを誕生させたり，遊佐町の特産品パプリカの「レシピ集」の制作，町内のイベントや地区のお祭りなど集めたイベント冊子「遊佐町大図鑑」の製作がある[7]。

オ　事業の効果

●若者にとって

　若者については，自信と責任が生まれるようになった。若者が独自予算を持ち，政策提案権限を持つということは，言いっ放しの無責任な提案はできず，裏付けや実現可能性などを求められることになる。それを通して，政治や遊佐のまちのことに関心を持つようになっていった。

　これまで少年議員だった若者に対するアンケート結果を見ると，少年議員を経験する前と後では，政治に対する関心が大きく違ってくる。少年議員になる前は，21人中19人が政治に「関心がない」，「普通」と答えているが，議員を経験した後には，16人が「ややある」，「非常にある」に変わっている。また，アンケートに回答した19歳以下の14人中13人が，20歳になったら投票に行きたいと回答し，14人全員が今後もまちづくりに参加したいと回答している。

●地域住民等にとって

　地域住民にとっても，「頼もしい」，「挨拶のしかたや発言のしかたが上手になった」と若者の成長を喜ぶ声が出ている。住民団体から少年議会に意見やアイディアを求めるケースも出てきたということである。

　行政にとっても，若者の提言を町議会と同等の重みを持って受けとめ，反映している。

カ　課題

　もちろん課題もある。

- この事業の周知……有権者や保護者，地域の大人にもっと知ってもらい，活動に参加・協力してもらいながら事業を進める必要がある。
- 立候補者の確保……近年，立候補者が少なく選挙にならない年が続いている。2017年度は前年度経験者が多く立候補してくれたが，有権者である

---

7)　山形県飽海郡遊佐町教育委員会「遊佐町少年町長・少年議員公選事業の取組――若者の地域活動をまちづくりに生かす――」『山形県飽海郡遊佐町教育委員会教育委員会月報』2017年。

中学生・高校生に興味を持ってもらえるように活動内容のPRと，保護者，関係機関への協力の呼びかけが必要である。2017年度は，前年1年間の少年議会の活動をまとめた活動紹介動画を製作し，生徒説明会で上映しPRを行っている。

- 政策立案の手法……有権者の意見を基に政策を立案するにあたり，少年議員の考えを集約し形にするまでの手法の検討が必要である。

(3) 相模原市南区──住民が若者参画政策を提案する

ア 相模原市

●静かでおとなしいまち相模原市

多くの政令指定都市は，県庁所在地ということもあって，行政機能や工業・商業機能が集積しているのに対して，相模原市は住宅都市である。静かでおとなしいまちと言える。

これを具体的な指標で見てみよう。

- 小売業販売額で見ると，神奈川県内では，相模原市は，規模では横浜市，川崎市に次ぐが，吸引力は0.78にとどまっている。つまり，相模原市民は，都心や周辺部に買い物に行ってしまっていることになる。隣の町田市(1.04)とは大きな差がつけられ，近隣の海老名市(0.92)や大和市(0.86)にも負けている。

- 事業所数に占める本社や本店の比率は4.7％で，首都圏南西部平均(5.5％)よりも低い。海老名市(5.4％)，大和市(5.2％)，町田市(5.0％)と比べても低い。

- 昼夜間人口比率も87.9で，首都圏南西部平均(91.4)や周辺市より低い。昼間は人がおらず，生産年齢層(15歳から64歳)が，東京など市外に働き・学びに行っているまちということである。

●人口構造

日本の人口は，2008年をピークにすでに減少局面に入ったが，相模原市の場合は，2019年までわずかながら人口は増え続けると見込まれている(人口は約73万人になる)。しかし，それ以後は，減少に転じ，2060年には約54万人ま

で減少すると推計されている。ピーク時の4分の3程度の人口である。

他方，高齢化であるが，相模原市の高齢者人口は，2010年では19.3%であったものが，2035年には32.1%，2060年には42.3%になる。東京近郊の住宅都市という性格を反映して，今後，急速な高齢者急増期に入るわけである。それに反比例して，生産年齢人口は，67.3%（2010年）→58.3%（2035年）→49.7%（2060年）と，急速に比率を下げていくことになる。

こうした状況は，まちづくりで言えば，税収の大幅減少と社会保障費の大幅増加を意味する。

● 子育て世代が逃げるまち

税収を増やし，まちを活性化するためには，現役の子育て世代に多く住んでもらうことがポイントである。すでに見たいくつかの指標で分かるように，相模原市は，都心からの交通至便ということもあって，相模原市に家を買い，相模原市で子育てするまちとして成長してきた。夜，寝に帰るまちとしての相模原市である。

この住宅都市としての相模原市が，最近になって変わり始めた。肝心の「子育て世代が逃げるまち」になってきたのである。

相模原市の人口移動（転入・転出）を年代別に見ると，2つの特徴がある。

1つは，大学生世代（18〜22歳）の大幅な転入超過である。これは市内や近郊に，多くの大学が立地していることによる。相模原市内だけでも7つの大学，短大がある。この若者も，大学卒業（就職）とともに転出してしまっている。

もう1つの特徴は，1980（昭和55）年〜1995（平成7）年までは転入超過であった30歳代（いわゆる住宅購入世代）が，2000（平成12）年以降は転出超過へ転じているということである。

今までは，都心は住宅価格が高いので，住宅価格が比較的安い割には交通の便が良い相模原市に家を買って，子育てする世代によって，相模原市は支えられてきた。ところが，これは相模原市の都市形成の基盤が崩れ始めたということであり，この流れが一気に加速すると，人口減少は当初の予想を超えて進む場合も出てこよう。

図表3-8　年齢階級別の人口移動

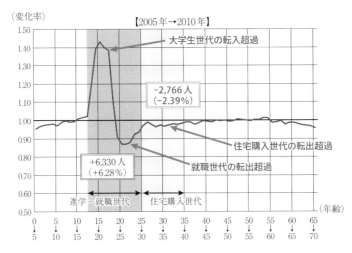

（出典）　相模原市人口ビジョン。

イ　市民からの提案・実践──区民会議による取り組み

● 区民会議

　行政区には区民の代表者を集めた区民会議が置かれる場合がある。神奈川県下では，横浜市，川崎市，相模原市の3政令指定都市とも区民会議がある。

　区民会議の位置付けは，自治体ごとに様々で，区民会議を行政の下部組織的に位置付けるものから，区民による自治的な会議に純化して行政と切り離すものまで幅がある。区民会議の役割，機能についても，行政による広報の相手方から地域まちづくりの主体まで幅がある。自治体ごとの特性や考え方次第なので，何が正しいということはない。

　相模原市では，市民協働のまちづくりを進めるため，2010年4月の区制施行に伴い，区民会議とまちづくり会議が設置された。[8]

　区民会議は，区の課題やまちづくりの方向性について協議を行う場として各

---

8) まちづくり会議は，地域のまちづくりの課題を自主的に話し合い，課題解決に向けた活動に構成団体などが協働して取り組むために，相模原市の22の地域（南区については7つの地域）にそれぞれ1つずつ設置されている。まちづくり会議は，自治会や地区社会福祉協議会，地区民生委員児童委員協議会，公民館など，各地域で活動している団体等で構成されている。

第3章　自治体における若者参画政策の現状　　87

区に設置された市の附属機関である。区民会議は，25人の委員で構成され，区内のまちづくり会議からの推薦，区内の公益的活動を行う団体からの推薦，学識経験者，区内在住の住民（公募により選任）などにより構成されている。

● 南区区民会議の機能

同じ相模原市でも，区ごとに区民会議の役割は微妙に違っているが，南区区民会議で重視しているのは，地域から政策提案を行う機能である。

行政というのは，どうしても後追いになる。これは税金で動くため，常にみんなの合意が必要になるからである。しかし，政策課題は事務室で起こっているのではなく，現場で起こっている。例えば，空き家問題は，研究の世界では，この数年のことであるが，地域では，10年以上前から起こっていた。これは，地域の課題が，自治体の政策になるには，大きな時間差，タイムラグがあるということである。「地域のことは地域で行う」分権・協働時代にあっては，この時間差を縮めることが，自治経営の大切なポイントになる。そのための仕組みの1つが，この区民会議の政策提案機能である。

また区民会議の教育機能と言うべきものも重要である。つまり，各委員が区民会議から学び，それを地域の活動に持って帰り，さらに実践するという機能である。例えば，運営の方法でも，南区区民会議ではワークショップを行うが，これが面白いと感じて，早速，地域に持ち帰って，実践している地区もあるという。

● 区民会議の成果

相模原市南区の区民会議が，若者参画に取り組んだのは，2012年からである。いくつかの特徴・成果があるが，次の点は高く評価してよいと思う。

- 区民会議という常設でない組織が，いわば市民サイドから，若者参画を提言したこと（2016年3月）。
- 検討の過程で，地域の若者により構成される若者参画プロジェクト実行委員会（若プロ）が生まれ，イベントや事業を自分たちで企画・実施できるようになったこと。
- 検討の成果として，若者のまちづくり参加のノウハウ集である「まちづくりのトリセツ」をつくったこと（2017年7月）。この作成も，単に机上で考

えるのではなく，若者が地域のまつりや行事等に出かけ，体験を踏まえて，何度も話し合いながらつくり上げた。

● 南区若者参画プロジェクト実行委員会

若者参画の仕組みづくりの中から，若者参画プロジェクトという若者活動組織も生まれている（2014年3月）。

活動の目的は，若い世代が主体となって，若い世代のまちづくりの参画促進を図るための事業を企画・実施することにある。

メンバーは，

- 区内在住の若い世代（無作為抽出討議会参加者も含む）
- 区内大学（北里大学・相模女子大学・女子美術大学）の在学生
- 区内高校の在学生
- 区民会議委員

等で構成される。

主な事業内容としては，

- 若い世代のまちづくり参加促進に係るイベントの企画・実施
- 実行委員会の活動周知・PR
- 若い世代の意見聴取の場となるワークショップなどの企画・開催
- 区民会議との連携
- 区の魅力づくり事業との連携
- 区内大学との連携

などである。

ウ　若者参画の仕組みをつくる

相模原市南区においては，区民会議という市民組織が若者を集め，常設的な若者組織をつくり，若者が地域の中で，活動するようになった。この若者参画のつくり方は，参考になるだろう。

● まちの課題は何かから考える

相模原市南区は，7つの地区に分かれているが，それぞれのまちづくり会議において，地域が抱えている問題を抽出してもらった（2012年[9]）。そこから出てきたのが，次の3点である。

① 防犯・防災，環境，福祉活動等の基盤となる自治会活動の活性化を図る
　　ため，地域コミュニティの強化を図る必要がある。

② 高齢社会の進展に伴い，身近な場所に高齢者等が集える場所や健康づく
　　りの場所を確保するとともに，交流サロンや相談体制の充実を図る必要が
　　ある。

③ 若者，団塊世代の地域活動への参加機会を促進するため，地域の担い手
　　を育成・支援する必要がある。

これを区民会議において，ワークショップなどの手法を使って検討した結果，
共通する部分として，「若い世代のまちづくりへの参画促進」を検討テーマと
することとした。今まちづくりに足りないのは学生や20〜30代の働く世代や
子育て世代の参画で，これを考えてみてはどうかということになった。

●ニーズや課題を調べる──若い世代を取り込んだまちづくりに関する調査

　若者のまちづくり参加は課題であることは分かったが，何が問題なのか，ど
こに解決の糸口があるのかを考えることとした。

　まず先進事例や文献調査を行って，解決のヒントを探ることにした。今では
新城市などの先進事例があるが，当時はほとんどなく，自分たちで，糸口を探
す作業となった。

　区民会議の強みは，足下に現場があることである。そこで，若者たちが地域
のお祭りや行事に参加することを通して，若者のまちづくり参加の課題や解決
のヒントを探ることにした。重点を置いたのは，「若者が地域活動に参加する
ための必要な事項」は何かで，大学生たちが，それぞれ希望する地域活動に企
画段階から参加する中で，その答えを探ることとした。結局，2013年から3年
間，延べ19団体，52名が参加した。

　調査は，相模女子大学・女子美術大学に対する委託調査（若い世代のまちづく
りへの参画促進に関する調査業務委託）という形式で行った。経費の概要は，学生
たちの交通費程度であるが，活動の経済的裏付けとなった。

---

9) 「地域特性を生かした事業や重点的・先進的な取り組み」と「地区で認識している重点課題
　　や区ビジョンの視点から認識される課題」の調査。

●若者参画を検証し，多様な意見を聞きながら，課題を乗り越える仕組みや工夫を考える

　こうした若者と若者を受け入れた地域の人たちとが話し合うワークショップを毎回行った。若者参画がうまくいった要因，うまくいかなかった要因等を煮詰めていく中で，若者のまちづくり参画を進めていくためのヒントを浮かび上がらせていった。

　それが「若者のまちづくり参加促進を考えるフォーラム」で，参加者は，地域活動に参加した若者，受け入れた地域の人たち，区民会議委員や行政職員等である。2014年3月から3年間，毎年開催した。議論の進展，深まりとともに，テーマを変えていった。

●無作為抽出型区民討議会の採用

　地域活動に参加した若者やその若者を受け入れた地域の人たちだけで考えていくと，発想やアイディアも固定しがちである。それ以外の若者や一般区民の意見を聞くことも必要である。相模原市南区区民会議の開発したものの1つに，無作為抽出による市民参加方式と楽しく話をするワークショップがあるが，こうしたノウハウを使って，若者参画の促進方策を考えていった。

　住民票から無作為で抽出する方式は，指名や公募による募集とは異なり，参加者が無作為で選ばれるため，限られた特定の人ではなく，また，テーマに関して直接の当事者ではない人も数多く参加する。サイレントマジョリティの声を聞くことができる方法でもある。

　相模原市南区区民会議では，この無作為抽出型の区民討議会を2年おきに行っているが，特に，2013年9月22日に行った無作為抽出型討議会「わいわいみんなで語ろうPart2」では，16歳以上39歳以下と年齢制限をかけた抽出を行い，「若い世代のまちづくりへの参画促進方策の検討」を行った。

エ　成果

●アイディアコンペ

　若プロが企画・運営するのが，南区づくり交流会〜産学官連携プレゼン大会（アイディアコンペ）である。南区には，様々な名産やイベントなど，PRできる資源が数多くある。その既存の「南区の資源」の魅力をさらにどうアレンジしてPRしたらよいか，具体的なプランを提案するプレゼン大会である。主に産

第3章　自治体における若者参画政策の現状　　91

業振興という観点から，南区にある資源を掘り起こし，それを事業化するためのイベントと言える。

2014年から毎年開催しているが，具体的成果も生まれている。

第2回のアイディアコンペで優勝した相模女子大学生チームは，アイディアコンペでの優勝にとどまらず，これを南区魅力づくり事業として，実施することにした。相模原市南区役所が主催となり，学生たちと南区若者参画プロジェクト実行委員会が共催するかたちで，実現に向け準備を進めた。

2016年11月27日には，「おいでよ！　南区Happyたまごまつり」の名称で，イベントを開催した。この時は，親子連れを中心に幅広い世代が参加し，約1,000人の来場者があった。

この「おいでよ！　南区Happyたまごまつり・きゅうしょくグランプリ」において受賞した小学生のアイディアが，それぞれの受賞者が在校する学校で，給食メニューとして採用されるという具体的成果となっている。

●若者参画ルールブック

以上のような検討を約4年間続けてくる中で，若い世代も地域の受け入れ団体側も互いに不慣れで，若者参画のための環境や心構えが不十分であることが分かった。

若者参画を進めるには参加する若者も受け入れる地域も，相応の配慮が必要であるが，それには互いを理解し合うための基本的なルールの整備が必要であるという考え方になっていった。象徴的な言葉が「異文化交流」で，「学生と地域の双方は，同じ立場，同じ目線に立っていると勝手に思い込んだまま，必要な説明を省略して活動をスタートさせ，やがて気まずい関係となってしまう。過ごした環境の違う異文化の方々と交流するような気持ちで臨むことが大切なのではないか」というものである。

こうした意見から，若い世代と地域とが協力・連携したまちづくりを行うには，お互いに歩み寄り尊重し合う姿勢とととともに，そのためのマナーを記述し，明文化する必要があるのではないかとの結論に至り，若者参画ルールブックを発刊しようということになった。

その結果でき上がったのが，「まちづくりのトリセツ——若者がまちづくり

に参加するために大切なこと——」である。若者を含めたあらゆる世代の人が，まちづくりへの参画をスムーズに行うための取扱説明書（トリセツ），いつでも取り出せる説明書（トリセツ）として，積極的に活用してもらおうというものである。

(4) 金沢市——学生のまちづくり参画と実践

ア 金沢市

●歴史・自然に恵まれたまち

金沢市は，石川県のほぼ中央に位置する加賀百万石の城下町である。県庁所在地として，行政，文化，経済の中心として発展し，市域も合併を繰り返す中で拡張し，平成の大合併では，富山県境から日本海まで東西23.3km，南北37.3km，面積約467k㎡にも及ぶ大きな自治体となった。人口は約466,000人である（2017年8月1日現在）。

市街地には，犀川，浅野川が流れており，重要伝統的建造物群保全地区がある一方，山と海，水と緑など自然環境に恵まれている自治体である。

●人口構造

金沢市の人口構造（年齢階級別）を見ると，10～14歳，15～19歳は大幅な転入超過，20～24歳の転出超過の傾向が顕著であり，市内に集積する高等教育機関への進学や卒業の影響が大きいと想定される。

イ 学生のまち

●学生のまちの歴史と復活

若年人口の転入超過の要因となっているのが，学生である。金沢市は，明治の初期に，日本で最初に官立高等中学校が設置された都市の1つで，その後，金沢市及び近郊に，次々と高等教育機関が開設され，現在18の大学・短大・高等専門学校と29の専門学校が集積している。金沢市は，学生のまちと言える。石川県の人口1,000人に占める学生数は31.8人で，全国第7位となっている。

ところが，20年ほど前から大学の郊外移転が始まり，金沢大学も2009年には郊外に移転してしまった。その結果，学生のまちとしての性格が薄まりつつある中で，再度，学生のまち金沢を復活し，活気と個性のあるまちづくりを目

指すこととなった。

　金沢市が目指す「学生のまち」とは，学生と市民との相互の交流や学生と金沢のまちとの関係が深まることで，にぎわいと活力が創出されるまちである。この学生のまち・金沢のスローガンのもとに制定されたのが，学生のまち推進条例である。

●金沢市における学生のまち推進に関する条例

　この条例は，「学生がまちを学びの場または交流の場としながら，まちなかに集い，市民と親しく交流し，地域における活動等に取り組むほか，市民，町会等，高等教育機関，事業者および市が一体となって学生の地域における生活，自主的な活動等を支援することにより，学生と市民との相互の交流および学生とまちとの関係が深まり，にぎわいと活力が創出されるまちをつくろう[10]」というものである。

　条例という政策形式を採用したのは，まちづくりは，10年，20年の期間をかけ，住民の意識を醸成させながら行うものであるが，それには首長の交代によって取り組みが左右されたり，中断することなく継続できることが大事である。そこで，安定性・持続性という観点から条例という形式に注目したものである。条例は，まちづくりの主役を務める各セクターに対し，取り組みの継続性を担保するとともに，金沢市の未来へ向けたまちづくりの基盤の1つとなっている。

●条例の基本理念

　学生のまちの基本理念は，

①　地域社会全体で学生を育む社会的気運を醸成すること。

②　学生のまちの推進の主体は，学生であるという認識のもとに，学生の自主性を尊重しながら，自主的な活動を促進すること。

③　学生，市，市民，町会等，高等教育機関，事業者が役割を認識し，相互の理解と連携のもとに，協働して行う。

である。

---

10)　金沢市HP（http://www4.city.kanazawa.lg.jp/22050/gakusei/jyourei.html）。

図表3-9　年齢階級別の人口動態

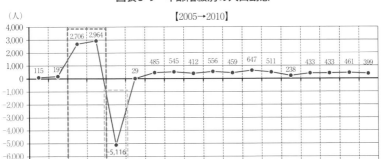

（出典）　金沢市「金沢市人口ビジョン」。

　この条例では，まちづくりのアクターである学生，市，市民及び町会等，高等教育機関，事業者のそれぞれについて役割を明示し，相互協力することを明確化しているのが特徴である。

ウ　学生のまちを進める施策

●学生のまちの推進体制

　金沢市は，学生のまちを進めるため，重層的な組織体制を取っている。

　「金沢まちづくり学生会議」は，学生のまちを市と協働で進める学生組織である（第15条）。活動内容は，学生のまちの推進に関する学生の意識の高揚を図ること，学生相互又は学生と市民との相互の交流及び学生の自主的な活動を促進するための施策を企画し，実施することである。

　「学生のまち地域推進団体」は，学生，市民，町会等，高等教育機関，事業者が，地域活性化のために，学生のまちの推進に関する計画を策定し取り組み，交流するまちづくり組織である（第16条）。

　「金沢学生のまち推進会議」は，これら組織の代表のほか，町会，婦人会，公民館等の地域団体で構成し，学生のまちを総合的・全体的に推進する組織である（第21条）。

●まちづくり学生会議

　これら組織の中で中心的な役割を担っているのが，金沢まちづくり学生会議

である。2017年度は，第8期生39人の学生が学校間の枠を越えて参加している。まちづくり学生会議の活動拠点は，金沢学生のまち市民交流館にあり，ここには金沢市市民協働推進課職員，市民交流館コーディネーターも常駐している。

　金沢まちづくり学生会議の主要事業は，毎年秋に行う「まちなか学生まつり」である。学生同士や地域の人々との交流を目的にした祭りで，学生ならではの創造的なアイデアとエネルギーにあふれたイベントになっている。

● 主な施策

　学生関連の事業メニューも豊富である。

　協働のまちづくりチャレンジ事業には，学生まちづくり部門があり，これはクラブ・サークルなど学生団体からの持ち込み企画を公開プレゼンテーションによる審査の上，金沢市が支援するものである。

　学生サポーター企業登録制度では，学生のまちづくり活動を支援する企業を募り，学生に対する企業の支援体制を確立し，また学生と企業との相互交流の機会としている。

　こうした学生と市民との交流，まちづくり活動に関する情報交換や学習の場が，金沢学生のまち市民交流館である。これは市指定保存建造物を改修して活用したものである。運営には，サポートスタッフとして学生を配置して，学生の主体的な関わりにも留意している。

エ　若者の変化・地域との交流

　「まちなか学生まつり」では，企画段階から積極的に参画することで，学生の中にまちに対する愛着や社会性が生まれてくる。

　協働のまちづくりチャレンジ事業では，所属大学の異なる学生団体による企画もあり，学生同士の交流も盛んになっている。

　学生等雪かきボランティアは，地域における住民の除雪活動を学生グループが支援するものである。以前は，雪かきだけを一方的に依頼する市民の姿も見られたが，現在では，夏季には，除雪活動に協力してもらった学生らを市民が地域の祭りに招待するなど地域の人々と学生との交流も進んでいる。

第4章　若者参画条例の基礎理論

　新城市など一部自治体で始まった先駆的な取り組みをすべての自治体の標準
装備としようとする試みが，若者参画条例の提案である。

1　若者参画条例の背景——なぜ若者参画なのか

⑴　人口減少・少子超高齢時代と若者

　日本の人口は，2005年に初めて減少を記録し，その後2年間は横ばいで推移
したが，2008年を境に本格的に減少し始めている。[1] 現在でも，毎年20万人強
ずつ人口が減少している。人口の減少は一時的なものでなく，今後も継続し，
同時に，高齢化率も上昇し続けると見込まれている。

　人口減少，少子超高齢化は様々なところに影響を与えるが，まちづくりで言
えば，最も影響の大きいのは税収の大幅減少である。人口が減少する分，確実
に税収は減少する。

　また，高齢化の進展も税収減につながる。厚生労働省の平成28年国民生活
基礎調査の概要によると，1世帯あたり平均所得は，児童のいる世帯の総所得
は708万円であり，このうち稼働所得は649万円と約92％である。一方で，高
齢者世帯の総所得は308万円で，うち最も大きな収入源は年金の約202万円で
ある。高齢化の進展で，同じ人口であっても，税収は大きく減少してしまうこ
とになる。

　他方，社会保障費の増大は言うまでもなく，2014年度の社会支出（OECD基

　1）「統計局ホームページ／統計Today　No.9」参照。なお，2008年は79,000人の減となってい
　　る（http://www.stat.go.jp/info/today/009.htm）。

97

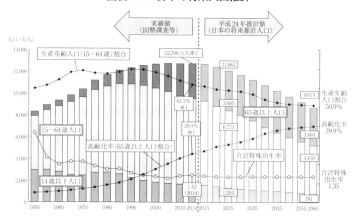

図表4-1　日本の将来人口推計

（出典）　内閣府「平成27年度版高齢社会白書」。

準）の総額は116兆8,532億円で，対前年度増加額は1兆4,196億円で，伸び率は1.2％，GDPの対前年度比は1.5％増となっている。国の歳出構造を見ても，社会保障費が約1/3を占めている。

　減っていく収入と増え続ける支出の中で，住民の安定した暮らしをどのように維持していくのか，市民一人ひとりに問われるようになった。

　こうした人口減少・少子超高齢社会の影響を長期間にわたり，かつボディブローのように受けるのが若者たちである。

　社会保障という観点で見ると，日本は1965年には，1人のお年寄りを約9人で支える「胴上げ型」の社会であったが，今日では，支え手が3人弱に減少する「騎馬戦型」の社会になった。今後は，ますます支え手の減少は続き，2050年には1人が1人を支える「肩車型」の社会になるとされている。こうした時代の進展に合わせた社会制度の設計を怠れば，日本という社会が持続できないことになる[2]。

　あえて若者参画政策と言わなくても，若者の利益や将来進路が十分に保障さ

---

[2]　「社会保障・税一体改革大綱について」（2012年2月17日閣議決定）。

れる時代ならば，若者政策を論じる意味は乏しいが，人口減少・少子超高齢化が，若者の暮らしや責任に大きく圧し掛かることが自明な中で，若者自身の主体的な取り組みや参画なくしては，次の時代にバトンタッチすることは困難である。

それまで出番の少なかった若者を公共の担い手であるときちんと位置付け，若者の居場所と出番をつくる政策は，避けては通れない。容易ではないが，自治体政策やまちづくりの場面で，若者が存分に活躍する道を切り開いていくことは急務である。

(2) 18歳選挙権の追い風

2015年6月，公職選挙法等の一部を改正する法律が成立し，公布された（2016年6月19日施行）。この公職選挙法等の改正によって，年齢満18年以上満20年未満の者が選挙に参加できることになった。

選挙権年齢は，1889年に衆議院議員選挙法が制定されて以来，25歳以上とされてきたが，1945年に衆議院議員選挙法が改正されて20歳以上に引き下げられ，1950年の公職選挙法に引き継がれて，今日に至っている。

18歳に選挙権が引き下げられた理由として，以下の3点が挙げられる。

① 少子超高齢社会への対応

すでに見たように，少子超高齢時代になって，負担と責任を負う若者にも政治参加の道を開くものである。

② 政治的社会化の意義

若者の政治離れを改善する手段として選挙権年齢を引き下げるべきであるという主張や公的な責任感や義務感を育む一手段としての意義を唱える主張がある。

③ 世界的な潮流への同調

選挙権年齢を18歳以上にしている国・地域は，196カ国・地域の中で162カ国・地域（83％）に上る[3]。選挙権年齢を18歳以上にするのが世界の大勢であり，

---

3) 総務省HP「法制審議会民法成年年齢部会第13回会議配付資料 世界各国・地域の選挙権年齢及び成人年齢」(http://www.moj.go.jp/SHINGI2/090327-1-14.pdf)。

第4章　若者参画条例の基礎理論　99

国際標準であるとも言える。

政治参加の年齢を引き下げることで，若者の位置や役割をあらためて考える大きな促進剤になった。

(3) 地域活性化と若者参画

地域活性化の決め手は，「よそ者，若者，バカ者」がまちづくりに参加することであると言われている。

例えば，地域に若い人が大勢いれば賑やかで，それだけで周囲の人たちも活気づく。若者らしい発想に出会うと，例年通りの仕事をしてきた大人が，これまでの活動を省みる機会となって，既存の活動に新風を吹き込むこともできる。停滞する地域活動に若者が参加すれば，地域の活性化になる。

それにもかかわらず，若者参画が簡単には実現しない背景として，①仕事や学校との調整，②活動に関する情報不足，③まちづくりに参加する際の心理的障壁等，様々な課題や障壁がある。こうした課題や障壁を乗り越える制度が若者参画条例である。

2 政策形式としての条例

(1) 条例であることの積極的意義

自治体若者参画政策は，条例という政策形式が好ましい。自治体の例規には，条例のほか規則，告示等があり，例規に準じるものに要綱や通達等があるが，なぜ条例という政策形式を採用するのか。法務を積極的に活用する政策法務の考え方はヒントになる。[4]

ア 条例に慎重な立場

政策法務については，いくつかの批判があるが，ここでは最も本質的な問題である法の強要性をどう考えるかについて触れておこう。

元法制局長官の林修三氏が，『法制執務』(学陽書房，1979年) で述べている法

---

4) 政策法務の考え方については，松下啓一『政策法務のレッスン——戦略的条例づくりをめざして——』自治体議会政策学会叢書，イマジン出版，2005年。

に対する見方は，国の考え方を反映したものと考えてよいであろう。

　ここでは法の本質について，「国家の権威によって定められ，国家権力によって強行される規則が法である」とし，したがって，「法は，法である以上は単なる道徳律や宗教上の戒律とはちがって，法による規制の対象となる人に対しては，これに従って行動することを要求し，これに違反して行動することを国家の権力として許さないという性質，すなわち，「法的強要性」をもっていなければならないのである」としている。

　この立場からは，「法令の内容が一種の行政上の指針を与えるにとどまる」ものは，「予算の決定または行政機関による方針の決定（閣議決定，省議決定等）で十分まかなえるものであって，法令の内容としてとりあげるにはあまり適切なものとはいえない」ことになる。

　この伝統的な考え方からは，若者参画という政策実現のために法務を使うことには，慎重・批判的になる。

イ　条例を積極的に使う

　政策実現のために法務を積極的に使うというのが政策法務であるが，この立場からは，条例の強みをフルに使って，若者参画政策に活用すべきということになる。

　条例の強みは，次の点である。

　第1は，条例の民主性である。条例は一般的には，首長が提案して，議会の賛成で制定される。つまり，市民によって直接選挙された首長と議員が，ともに賛成したという点がポイントである。二重の意味で民主的バックボーンを持っていることが，条例の強みである。この民主的正統性が，若者参画政策の認知や推進に有効である。

　第2は，条例の実効性である。条例の場合は，議会審査の場で矛盾を指摘されたり，実効面での不備が指摘されないように，様々な視点から何重もの詰めが行われてつくられていく。また条例の制定には，議会のほか市民・企業など多くの利害関係者が関わり，公開の場で，多くの利害関係者の議論にさらされながらつくられていくが，それは，それだけ注意深くつくられ，多面的なチェックが入るということである。要するに条例が鍛えられるということである。

第4章　若者参画条例の基礎理論　　101

実効性という条例の強みは，若者参画政策の推進に大きく役立つことになる。

　第3は，条例があると，自治体職員が自信を持って取り組むことができるということである。コンプライアンスが問われる時代にあって，自治体職員の行動のバックに，市民代表である議会・議員が決定したという正統性があれば，自治体職員は，自信を持って若者参画政策に取り組むことができる。

　第4は，継続性，安定性を確保できる。若者参画政策は，予算措置や計画でもできるが，その場合は，首長の関心や時の流行に左右されやすい。条例で定めれば，首長や議会構成が変わっても，条例廃止がされない限り，その政策は自治体の意思として続くことになる。安定的で継続的な若者参画政策を展開することが可能となる。

(2)　関連条例

ア　自治基本条例

●自治基本条例とは何か──自治体の憲法？

　自治基本条例のモデルとなっているのは，アメリカのホーム・ルール・チャーターである。日本と違って，アメリカでは市町村は郡のサービスでは不十分だと思った住民が自分たちでつくるが，それゆえ，自分たちのまちの組織や運営方法は，自分たちで決めることができる。こうした自治体の組織や運営方法に関するルールを書いたのが，ホーム・ルール・チャーター（自治憲章）である。

　自治基本条例は，自治体の憲法と言われることがある。確かに，地方分権によって自治体の自立性が喧伝され，それゆえ自立した自治体が，憲法としての自治基本条例を持つべきであるという論理は魅力的である。国に対して，これまで下位・従属関係にあった自治体の自立性・対等性を後押しする意味から，自治基本条例が自治体の憲法であると強調することの実践的な意味も理解できないわけではない。

　しかし，自治基本条例が自治体の憲法というキャッチフレーズは，やや大げさにすぎ，市民の期待を裏切ることになると思う。

　その最大の理由は，国と地方の違いである。主権という絶対権を持つ国と自立と助け合いが基本である自治体とは，もともとの立ち位置や行動原理が違っ

てくる。国の場合は，絶対性を有する国家権力の専横から国民の権利を守る必要があり，そのために憲法が必要になるが（立憲主義），自立と助け合いが基本の地方自治では，自治体政府は公権力としての一面を有するとともに，住民を支え，住民の活動を後押しする伴走者としての一面を持っている。

　したがって，仮に自治体にも憲法が必要だとしても，その内容は国と同じではなく，自治体ならではの「憲法」になっていく。自治体の憲法としての自治基本条例は，政府の侵害から市民の権利を守るだけでなく，公共を担う市民も，憲法秩序の中に組み入れて，再構築していくことになる。

● 自治基本条例──まちを元気にする条例

　全国で自治基本条例がすでに300以上の自治体でつくられているが，監視型自治基本条例と励まし型自治基本条例に大別することができる[5]。

　監視型の代表が，北海道ニセコ町まちづくり基本条例である。この条例は，公私を峻別する公私二分論に立ち，政府の民主的統制を主眼とする条例である。実際，この条例には，役所の仕事を民主的，市民的にするための細かなルールが書かれている。

　他方，最近では，励まし型の自治基本条例も制定されるようになった。新しい公共論の立場から，公共としての主体としての市民，自治会・町内会，NPOの自立性や社会性に力点を置いた条例である（小田原市や戸田市など）。

　すでに見たように，人口減少・少子超高齢時代に入り，まちを維持する税収が大幅に減少していく中で，役所を民主的に統制するという地方自治論では，地方自治の目的は，到底，実現できない。民主的統制を行う市民自身も，自ら自治の主体として，行動していくことが必要である。

　このように考えると，自治基本条例は，自治体政府の専横から市民を守るために，行政や議会をコントロールするだけでは足りず，市民の自立性（自律性），公共性を高め，まちを元気にする励まし型の自治基本条例であるべきだろう。

　5）　自治基本条例の総数を把握することは容易ではない。「自治基本条例とは何か」の定義が難しいためである。①理念＋②市民の権利＋③自治実現の制度・仕組み＋④行政・議会の組織・運営・活動に関する基本的事項＋⑤最高規範の5点が網羅されているものをフルセット型の自治基本条例と呼ぶことがある（松下啓一『協働社会をつくる条例』ぎょうせい，2004年，19頁）。

第4章　若者参画条例の基礎理論　　103

● 自治基本条例と若者

自治基本条例には，未成年者が，まちづくりに参加する権利を規定しているものがある。[6]

未成年者も市民の定義に含まれ，未成年者も市民の1人として，まちづくりへの参加が可能なので，あえて未成年者を取り上げて規定しないというのが，従来の法制執務からは正しい立法技術であると言えよう。そのことを理解した上で，次世代を担う未成年者が，まちづくりに関心を持ち，責任を持って活動することが重要だと考えて，あえて自治基本条例に積極的に規定するものである。

規定の仕方としては，未成年者の権利として正面から規定するものと，行政の措置として，実質的に参加を担保するものがある。

前者の例としては，遠別町の自治基本条例第8条では，「満20歳未満の青少年及び子供は，それぞれの年齢にふさわしいまちづくりに参加する権利を有する」と規定されている。

後者は，行政の措置として，未成年者が参加して，その意見がまちづくりに反映される仕組みを整備するというものである。遠軽町の自治基本条例第11条では，「町は，子どもの最善の利益及び権利の尊重について啓蒙啓発を図るとともに，子どもが自らの意見を表明でき，かつ，その意見がまちづくりに反映される環境の整備に努めるものとする」と規定されている。

● 若者参画条例は発展系

励まし型の自治基本条例では，役所や議会だけでなく，市民も自治の担い手として，その持てる力を存分に発揮することが必要であることになる。自治基本条例は，これまで存分に力を発揮していない市民に力を出してもらうように，後押しする条例でもある。

では，現時点で存分に力を発揮していないのは誰か。その1人が若者である。その若者に存分に力を発揮してもらうことを期待して，若者を励ます仕組みを

---

6) ニセコ町まちづくり基本条例では，第11条で，「満20歳未満の青少年及び子どもは，それぞれの年齢にふさわしいまちづくりに参加する権利を有する」と規定している。これが自治基本条例の初出である。

用意するのが若者参画条例である。若者参画条例は，励まし型の自治基本条例を進展，具体化した条例と言える。

イ　子どもの権利条例

●子どもの権利条例

　子どもの権利条例とは，子どもを1人の人間として尊重し，子どもが本来持っている権利を保障するため，子ども自身が，自分の権利について正しく理解し，他者の権利も尊重することを身につけるとともに，子どもの権利実現のための諸施策を定める条例である。

　2000年12月制定の川崎市子どもの権利に関する条例が最初で，その後，北海道奈井江町子どもの権利に関する条例（2002年3月），富山県小杉町子どもの権利に関する条例（2003年3月），岐阜県多治見市子どもの権利に関する条例（2003年9月）など，今日では100くらいの条例が制定されている。

　条例の主な内容としては，計画策定，予算の確保，組織の一体化，データの収集，子どもの権利実現のため地方自治体の取った措置・取らなかった措置の検証，子どもの意見の聴取と尊重，権利侵害を受けた子どもの救済，子どもの権利の広報等がある。

　子どもの権利条例の制定は，自治体にとっても，子どもの権利条約により課された，子どもの権利実現の義務を再確認する機会であるとともに，当該自治体において特に差し迫って行うべき措置を洗い出す機会としても重要である。

　子どもの権利条例では，子どもを18歳未満と定義している例が多い。適用年齢を18歳未満とした背景には，子どもの権利条約がその対象年齢を18歳未満としていること，児童福祉法や児童虐待の防止等に関する法律も，18歳未満を対象としていること，青少年保護育成条例も，対象者の上限を18歳未満としていることなどが理由となっている。

●若者参画条例との違い

　若者参画条例との違いであるが，子どもの権利条例においては，子どもは，自ら権利を行使する主体として位置付けられてはいるものの，日本の現状においては，権利侵害から子どもを救済することが喫緊の課題であって，子どもは保護される対象（客体）であるという側面に力点が置かれた運用になっている。

第4章　若者参画条例の基礎理論　　105

これに対して若者参画条例では，若者は主権者であり，まちづくりの主体であることを前提とした上で，しかし現状では，その権能・役割を十分，発揮・活用していないという認識に立って，若者が地方自治やまちづくりに参画できるような制度，施策，仕組み等を準備することで，若者参画を進めようという条例である。

ウ　青少年保護育成条例

●青少年保護育成条例

　青少年保護育成条例は，青少年を有害情報，有害環境から保護し，青少年の健全育成を図る条例である。全国47都道府県のすべてで制定されており，ここで対象とするのは，18歳未満の青少年である。

　この条例が規制対象とするのは，有害興行，有害図書，有害玩具，特定薬品，有害広告物，有害なチラシ，着用済み下着等の販売や購入，みだらな性行為等，深夜外出，深夜における入場等で，最近では，インターネットや携帯電話等も規制の対象とされている。

●若者参画条例との違い

　青少年保護育成条例は，その名の通り，青少年の保護と健全育成が目的である。もちろん，この条例には，規制的・保護的な施策だけでなく，青少年の自主的な活動を促進するとともに，活動の場を整備するといった積極的な施策も盛り込まれているが，青少年保護育成条例が出発点としている青少年は，未熟で不安定な保護すべき対象にとどまっている。いわば「守る条例」である。

　他方，若者参画条例は，若者を自治・まちづくりの主体・担い手と考えるもので，自治体政策やまちづくりに，若者が積極的に参画し，活き活きと行動するための機会を確保し，社会に反映できる仕組みをつくることによって，若者が存分に活躍するまちをつくるものである。いわば「創造する条例」である。社会の一員として自立し，権利と義務の行使により，社会に積極的に関わろうとするシティズンシップの観点を持っている。

⑶ 基本条例としての性格

ア 基本条例の意味

　若者参画条例は，基本条例が最も適切な法形式と言える。基本条例とは単なる理念条例ではない。裁判規範にはならないので，その違反は裁判所に持ち込むことはできないが，行為規範として行政や議会，市民を拘束する。単に理念的な事項にとどまらず，具体的な権利や制度・施策・仕組みも規定されている条例である。

　同時に，若者参画条例は，若者参画政策の土台・基盤となる条例でもある。若者参画条例の上に今後の若者参画政策を進めていくために必要な施策を立ち上げていく（花開かせていく），いわば土台としての役割を果たす条例である。

イ 若者参画政策を制度や仕組みとして体系的に捉える

　若者参画を正面から捉えて，政策として体系的に推進していくことで，

　① 　これまで個別・縦割りで取り組んできたものを総合的・体系的・効果的に展開することが可能となる。施策全体を一覧できるようになるので，若者自身のほか，市民，地域等の関係者においても，若者参画政策の意義や方向性を共有できる。

　② 　若者参画政策に対する考え方を共有することができるので，若者や市民，地域団体等の主体的参画が期待できるとともに，関係者が協力，連携して若者参画政策を進めることが可能になる。

　③ 　若者参画に関する施策・手法については，未開発の分野も多いが，政策として若者参画問題に取り組むことで，新たな施策や手法等の開発を促進することになる。

3　制度の設計思想

⑴ 基本理念

　若者参画条例は，次のような設計思想でつくられる。

ア 若者は社会の貴重な資源

　若者については，2つの見方ができる。1つは，若者は脆弱で危険にさらさ

れており，保護が必要であるという見方である。

これに対するのが，若者は社会の貴重な資源であるという見方である。若者は多様性を持ち，既存の発想にとらわれない，新たな価値を体現できるという強みを持っている。この強みが社会の発展に寄与することになる。若者を単に保護・育成の対象として捉えるのではなく，社会を構成する重要な主体として尊重するという立場である。

この条例は，後者の立場から，若者を考えるものである。

イ　若者の自立を促進する

かつては，どんな社会集団や地域共同体でも，若者の社会的自立のための訓練機関・期間を持っていた。村の青年団や若衆宿などがそうであったが，この30〜40年間で日本社会の中から，こうした「若者の社会的自立装置」はどんどんと消失していった。ここが，何らかの公共的関与が必要な背景である。

とりわけ人口減少・少子超高齢社会がますます進む中，社会の将来は若者たちの肩にのしかかってくるが，この自分たちの未来に，その未来を支える若者の声が直接に反映する制度や仕組みがないことは，そもそも不合理である。

そこで，若者を公共の担い手としてきちんと位置付け，若者が自治体の政策形成やまちづくりに積極的に参画できるようにしていくのが公共の役割でもある。

若者参画政策は，自治体による若者の社会的自立を促進し，若者をいわゆる「大人」にするための政策である。そのための社会的システム（仕組み，手法等）を構築することを内容とする。

その背景には，こうした若者の社会的自立のためのシステムを整備していない社会は，いずれ自身の活力を失い，衰退の運命をかこつことになるからである。

ウ　若者の権利と責任

若者は資源であるという視点に立てば，若者は，自分の住む地域の環境や社会全般の発展に関与し，参画できる権利を持っていることになる。同時に，若者は，自分の行動に対して責任があり，かつ，責任を取れるだけの能力があると見なされる。

図表4-2 従来の公共論と新しい公共論

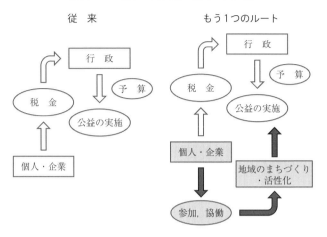

（資料）著者作成。

　権利概念は，歴史的に見れば，国家権力の乱用から個人の自由を守るものとして生まれたもので，その名宛人は国や自治体であり，その権利保護のために，司法に救済を求めることができるという裁判規範性を持つとされる。

　ところが，若者の政策形成やまちづくり・社会参加の権利は，自治体や国家だけではなく，若者の家族や地域，学校，社会に対しても向けられている。むろん権利侵害の態様や状況によっては，裁判規範として機能する場面も否定できないわけではないが，基本となるのは，多種多様な利害関係者によって，政策的な措置が取られるように誘導する行為規範であると言える。

エ　地方自治の役割を再確認し，民主主義の再構築を目指す

　従来の若者問題は，若者自身の自立心の欠如やコミュニケーション能力の不足など，若者個人の責任に帰すべきものとされてきた。しかし，すでに見たように，学校から職業生活への円滑な移行を促してきたシステムの衰退，従来は社会の様々なところにあった大人への自立装置が衰萎してきたという背景がある。つらいのは本人・家族であるので，そのつらさを低減し，希望を与えるのが，地方自治の役割である。若者参画条例は，こうした地方自治の役割を再確

認する条例でもある。それによって，民主主義の再構築を目指す条例でもある。

(2) 制度設計の理論

ア 新しい公共論

　若者参画条例を制度設計する際の理論が，新しい公共論である。

　経済社会が成熟し，価値観が多様化している中で，市民から信託された自治体（行政，議会）による一元的な決定では，市民ニーズを満たさなくなっている。そこで，自治体だけでなく，自治会・町内会，NPOなどの民間セクターを公共主体として位置付け，多元的な公共主体による多様なサービス提供によって，豊かな社会を実現していこうというのが新しい公共論の考え方である。

　要するに，市民や企業から集めた税金を自治体が一元的に管理し，それを配分するやり方だけでは市民の幸せを実現することができなくなってきたので，もう1つの方法，つまり自治会・町内会，NPO等の民間セクターの知恵や経験といった資源を公共のために，大いに活用して，「豊かな」社会を実現していこうというのが新しい公共論である。地域の社会的資源である自治会・町内会，学校，NPO・企業等の民間団体，関係行政機関等が連携，協力を進めながら，若者の諸活動の支援を行っていくのが若者参画政策である。

イ パラダイムとしての協働

　新しい公共論を具体化するパラダイムが協働である。

　協働とは，自治体政府とともに市民（自治会・町内会，NPO等も含む）も，公共を担うという考え方である。しばしば協働というと言葉から連想して，協力して働く，つまり一緒に汗を流すことと理解されるが，これは「国語としての協働」である。これに対して，地方自治で重要なのは，「政策としての協働」である。政策としての協働とは，役所と市民が公共の担い手として，いわば車の両輪となって，まちを豊かにしていくことである。ともに公共のために活動するから協働で，時には一緒に汗をかくこともあるかもしれないが，それは手段の1つにすぎない。

　協働は1990年代に入って生まれた概念であるが，1990年代になって，複雑化・多様化した地方自治の諸課題は，自治体政府だけではとても解決できない

ことが明確になる中で生まれてきた考え方である。協働による自治経営とは，限られた税金をこれまで以上に有効に使うととともに，民間の知識，経験，行動力といった市民パワーを社会的なエネルギーに変えて，公共サービスを実現していくことでもある。

4　若者参画政策の内容

(1)　政策の方向性

若者参画政策の方向性は，若者参画政策の意義・重要性を認知してもらう施策，若者に社会参画意欲を持ってもらう施策，そして，実際に若者の居場所と社会参画の機会を確保，整備する施策に大別される。

①　若者参画政策の意義・重要性を認知してもらう施策

これまで自治体の政策では，若者を政策対象としてこなかったこともあって，若者参画政策の意義や重要性は，ほとんど理解されていない。普及啓発や学習・研修等を講じることによって，若者参画政策の意義や必要性についての理解を広げる施策である。

②　若者に社会参画意欲を持ってもらう施策

若者自身が，自治体政策への参加やまちづくり・社会参画に対する意欲がなければ，若者参画政策は展開できない。若者自身の意識改革，行動変革を後押しする施策である。

③　若者参画政策が進むように環境整備を進める施策

若者が政策形成に参画でき，若者らしい意見を言える機会をつくるなど，若者がまちづくり・社会参画できるように，環境整備等を行う施策である。要するに，若者の出番と居場所をつくる施策である。若者の参画，闊達な意見交換，活き活きとした活動等を効果的に推進するため，行政組織・機構の再編など行政の組織体制づくりも環境整備に含まれる。

(2)　若者参画政策の手法

自治体の政策手法は，①自治体が行政経費を用いて直接行う手法（行政自己

第4章　若者参画条例の基礎理論　　111

完結型手法）と②市民や企業等に直接働きかけることによって政策目的を実現する手法（市民・企業等働きかけ型手法）とに大別できる。

① 行政自己完結型手法

自治体が，自らの資源，権限を使って，政策を実践する手法である。公共政策を政府が担っていた時代には，この手法が自治体政策の基幹で，実際にも有効に機能したが，公共領域の広がりと民間（企業やNPO）が力をつけてきた中で，次の市民・企業等働きかけ型手法が重要になってきた。

② 市民・企業等働きかけ型手法

市民・企業等働きかけ型手法は，市民・企業等が公共政策の主体として，公共課題に取り組むように，自治体が市民・企業等に働きかける手法である。この手法は，働きかけの強さや程度によって，普及啓発手法，誘導支援手法，規制指導手法に分けることができる。ただ，これら施策は単独で行われるわけではなく，時には重層的に組み合わせて，政策として体系化され，実施されることになる。

この3つの施策のうち，最も実施しやすいのが普及啓発施策である。これは，不特定・多数の市民や企業の意識に訴えるものであるが，それゆえ，比較的簡単に始めることが可能となる。しかし，意識やモラルに訴えるものであることから，その効果は弱く，限界がある。

これに対して，規制指導施策の効果は強力である。しかし，この施策を採用できるのは，法的な権限の裏付けのある場合で，しかも，それを実施し，効果を維持できるだけの行政資源が用意できる場合に限られる。自治体でもきわめて限られた場合であり，若者参画政策では，この施策を採用することはほとんど困難である。

若者参画政策の場合は，誘導支援施策が中心となる。この場合，限られた行政資源で，しかも効果的な誘導支援施策をどれだけ展開できるかがポイントとなる。

第5章 若者参画条例（試案）

1 条例の名称

【条例試案】

　若者が自治体政策やまちづくりに積極的に参画し，闊達に意見を述べ，活き活きと行動することを促進する条例。略称は若者参画条例である。

【解説】

●名称の考え方

　条例の題名については，特別のルールはないが，一般的には，条例の名称は，簡潔であること，内容と一致していることが注意すべきこととされている。簡潔性は制定後の呼びやすさに配慮したものであり，内容一致性は，その題名を見れば内容が分かることが好ましいからである。

　しかし，実際には両者は矛盾することがあるから，どちらを重点とするか悩ましい判断となる。

　解決方法の1つは，できる限り正確な名称をつけて，実際の呼び名は，内容を的確に表現して親しみやすい略称をつけるというものがある。

●題名

　今回は，正確性を重視し，試案では，「若者が自治体政策やまちづくりに積極的に参画し，闊達に意見を述べ，活き活きと行動することを促進する条例」とした。略称は若者参画条例である。

　ちなみに，先行の新城市の名称は，「若者条例」である。検討の過程では，若者条例のほか，「若者政策推進条例」，「若者革命条例」，「若者によるみんな

113

のための条例」,「若いもんの意見かね，ほいじゃあちょっとやってみりん条例」などが出された。金沢市の場合は，「金沢市における学生のまち推進に関する条例」である。

2　前文

【条例試案】

　地方自治は，市政やまちづくり活動等に対して，多種多様な市民が，主体的・積極的に参画し，自由で闊達に意見の提出や意見交換が行われ，そして多くの市民が，当事者として，活き活きと活動することによって，実現されるものである。

　とりわけ少子化や超高齢化が進む中，社会の将来は，否が応でも若者たちの肩にかかってくるが，この未来を支える若者の声が直接に反映する制度や仕組みがないことは，そもそも不合理であるし，社会そのものが持続できない。

　こうした中で，若者が果たす価値や意義を認め，市民全体で若者を応援し，若者が学校や会社，さらには市政やまちづくり活動のあらゆる場面で，より一層その能力を発揮して活躍することができるように環境を整え，このまちに住みたいと思える魅力あるまちをつくり上げることが求められる。

　このような認識のもと，「自治体政策やまちづくりに，若者が積極的に参画し，闊達に意見を述べ，活き活きと行動する社会をめざし，それらを実現する機会を確保し，社会に反映できる仕組みをつくること」(以下，「若者参画政策」と言う) によって，若者が存分に活躍するまちの形成を促進し，持続可能で，未来に希望が持てるまちを創っていくために，ここにこの条例を制定する。

【解説】

●前文の考え方

　前文は，法令の本則の前に置かれ，その法令制定の由来，趣旨，基本原理，制定者の決意などを述べたものである。

---

　1)　松下啓一・穂積亮次編『自治体若者政策・愛知県新城市の挑戦──どのように若者を集め，その力を引き出したのか──』萌書房，2017年，40頁。

前文は，その内容から直接に法規範としての効果が生ずるものではないというのが通説的な考え方であるが，それにもかかわらず前文が置かれるのは，①前文で条例制定の由来・目的を明らかにして，条例が目指している理想を宣言できること，②前文が置かれている位置や表現方法の自由度が高い点が，決意表明の場所としてふさわしいことなどが理由である。

● 前文の記載事項

このような前文の役割や位置付けから考えると，前文に記述されるべき事項は，条例制定の背景，若者が自治体の政策形成やまちづくりに積極的に参画し，闊達に意見を述べ，活き活きと活動することを促進することの意義，そして条例を通して実現するまちのあるべき姿等が規定される。試案では，これを「若者参画政策」と定義した。

前文は，表現方法も比較的自由で，感情的・抒情的表現もできることから，ここで若者参画政策の理念を高らかに歌い上げてほしい。

【参考条文】

新城市のまちづくりの指針である新城市自治基本条例は，市民が主役のまちづくりを推進することで，元気に住み続けられ，世代のリレーができるまちをつくることを目的としている。

「市民が主役のまちづくり」は，地域活動，市政等への市民の参加が促進され，多様な世代の市民の思いや意見が反映されて実現されるものである。

「世代のリレーができるまちづくり」は，次代の社会を担う若者の人口が減少している状況下においては，市民全体で若者を応援し，若者が，学校や会社に限らず，地域活動，市政等のあらゆる場面で，より一層その能力を発揮して活躍することができる環境を整え，このまちに住みたいと思える魅力あるまちをつくりあげることで実現されるものである。

このような認識の下，多くの若者が思いや意見を伝える機会を確保し，さまざまな場面でこれらを反映する仕組みを新たにつくるとともに，若者も自ら考え，その責任の下，主体的に行動することにより「若者が活躍するまち」の形成を目指すことで，真に市民が主役となるまちと世代のリレーができるまちを実現するために，ここにこの条例を制定する。（新城市若者条例）

第5章　若者参画条例（試案）　115

私たちのまち金沢は，明治期に，加賀藩の藩校を源流とした金沢医学館や旧制第四高等学校などが開学し，以後，数多くの高等教育機関を擁する学術文化都市として発展してきた。また，国内外から多数の学生が集まり，金沢のまちを学び舎として自らの知恵，能力，人間性を磨くことにより，学術，文化，経済など広く各界に俊英を輩出してきた。

　学生たちは，まちなかに集い，市民と憩い，談論風発するなど，日々の暮らしにおいて学生と市民とが相互に交流する姿は，にぎわいと活力の象徴として，「学生のまち・金沢」の歴史を刻み，今日に至っている。

　このような背景を踏まえ，未来に向けたまちづくりにおいて，地域社会が可能性豊かな学生を育み，学生と市民との相互の交流や学生と金沢のまちとの関係を深めながら，学生のまちとしての金沢の個性と魅力をさらに磨き高めていくことは，健全で活力に満ちた地域社会を実現し，金沢のまちが持続的に発展するうえで重要である。

　ここに，私たちは，学生のまちとしての伝統と誇りを継承発展させることにより，金沢を将来にわたり希望と活力に満ちた魅力あふれるまちとするため，この条例を制定する。(金沢市における学生のまちの推進に関する条例)

3　目的

【条例試案】

(目的)

第1条　この条例は，若者参画政策の推進に関する基本理念を定め，並びに若者，市民，地域活動団体，民間非営利公益活動団体，事業者等及び市の役割を明らかにするとともに，若者参画政策の推進に当たっての基本となる事項及び具体的施策を定めること等により，若者が社会的に自立し，存分に活躍するまちの形成を促進し，もって健全で活力に満ちた地域社会の実現を図るとともに，市民の知恵と力を生かした豊かな自治をつくっていくことを目的とする。

116

【解説】

● 目的規定の考え方

　条例に前文があり，これが目的規定の役割を果たしていることを考えると，さらに目的規定を置くというのは重複感があり，従来の法制執務の考え方から言えば，目的規定を置かない方が正しいということになろう。

　しかし，目的規定を見れば，この条例が何を目指すかを容易に理解できることを考えると，従来の立法技術に拘泥することもないだろう。ポイントは，この条例の内容や狙いを凝縮して書くことである。

　目的規定は，条例の幹となる規定であるから，これが揺らぐと，条例の枝葉や全体も揺らいでしまう。何のために若者参画条例をつくるのか，どのようにその目的を実現していくのか。目的規定に書くべきことを時間をかけて考え，納得ができるまで大いに議論してほしい。

● 目的規定の基本構造と記載事項

　目的規定は，3層構造（シンプルに書くと2層構造）となるのが一般的である。

①　最初に，この条例に規定することや明らかにすることを示す

- 若者参画政策として目指すべき事項を示し，基本理念を定めること
- 若者，市民，地域活動団体，NPOやボランティア団体，事業者，市等の関係者の責務を明らかにする
- 若者参画政策として目指すべき事項を促進するために，基本となる事項及び主要な施策を定める

②　最終目的を示す

- 市民の知恵と力を生かした豊かな自治をつくる
- 健全で活力に満ちた地域社会の実現を図る
- 市民が主役のまちづくり及び世代のリレーができるまちの実現に寄与する（新城市）
- 健全で活力に満ちた地域社会の実現と本市の持続的な発展に寄与する（金沢市）

③　その間にサブの目的が入ることがある

- 若者の社会的自立を図り，若者が存分に活躍するまちの形成の推進を図り

第5章　若者参画条例（試案）　　117

- 総合的に若者が活躍するまちの形成の推進を図り（新城市）
- 総合的に学生のまちの推進を図り（金沢市）

● **目的規定を考えるにあたって**

① 若者が持てる価値を発揮する

　地方創生のための総合戦略で注目されるまで，自治体では，若者を政策対象としてこなかったこともあって，若者そのものに価値があることが意識されなかったし，若者自身も自らの価値を自覚することがほとんどなかった。改めて，若者自身に価値があることを再確認して，その力を存分に発揮するために，これを政策として具現化することが第1の目的である。

② 自治体政策やまちづくりに若者が参画・提案・実施する

　かつては，地域や社会に若者が参画し，提案し，実施ができる社会的自立装置と言うべきものがいくつもあったが，それが今日では，どんどん消失してしまった。国，地方，地域，NPO，企業等のそれぞれが，若者参画の仕組みをつくっていく中で，現代にふさわしい若者の社会的自立装置を再構築していこうというものである。

③ 市民の知恵と力を活かした豊かな自治の実現

　人口減少・少子超高齢社会を迎える時，次の時代の担い手である若者の主体的参画や取り組みなしでは，自治やまちが継続しないのは明らかである。市政やまちづくりの場面で，若者が自治の当事者として，自立と責任を持って，まちづくりに関わっていくことが，次世代にリレーし，持続するまちをつくっていくカギとなる。

　また，若者の提案は，大人たちにとっても，これまで気がつかなかったことに気がつくチャンスでもある。若者たちと同時に，大人たちも学んでいく機会でもある。若者参画政策の推進は，世代を超えたすべての市民が，知恵と力を活かした豊かな自治をつくっていくことにもなる。

● **若者参画政策の対象**

　若者が積極的に参画し，闊達に意見を述べ，活き活きと活動する場合の相手方（対象）としては，この条例では，もっぱら行政・議会の政策決定・政策実施への参画，コミュニティ（地域活動団体，NPO等）によるまちづくり活動への

参画を想定している。選挙等の政治参加も重要な若者参画政策の内容であるが，ここでは除外して論じている。

【参考条文】

（目的）

第1条　この条例は，若者が活躍するまちの形成の推進について，基本理念を定め，並びに若者，市民，事業者及び市の責務を明らかにするとともに，若者が活躍するまちの形成の推進の基本となる事項を定めること等により，総合的に若者が活躍するまちの形成の推進を図り，もって市民が主役のまちづくり及び世代のリレーができるまちの実現に寄与することを目的とする。（新城市若者条例）

（目的）

第1条　この条例は，学生のまちとしての本市の個性と魅力を磨き高めるまちづくりの推進（以下「学生のまちの推進」という。）について，基本理念を定め，並びに学生，市，市民，町会その他の地域コミュニティに関する活動に係る団体（以下「町会等」という。），高等教育機関及び事業者の役割を明らかにするとともに，施策の基本となる事項等を定めることにより，総合的に学生のまちの推進を図り，もって健全で活力に満ちた地域社会の実現と本市の持続的な発展に寄与することを目的とする。（金沢市における学生のまちの推進に関する条例）

4　基本となる用語

【条例試案】

（基本となる用語）

第2条　この条例において，次の各号に掲げる用語の意義は，当該各号に定めるところによる。

(1)　若者　おおむね16歳からおおむね29歳までの者をいう。

(2)　市民　住民，市内で働く人若しくは学ぶ人又は市内において公益活動する団体をいう。

(3) まちづくり　よりよいまち，住みやすいまち，活力のある地域社会を
つくること，そのために行われるすべての公共的な活動をいう。

(4) 地域活動団体　地域住民が自主的に参加し，その総意及び協力により
住み良い地域社会をつくることを目的として構成された集団をいう。

(5) 民間非営利公益活動団体　市民・市民団体及び事業者が自主的かつ主
体的に行う活動であって，不特定多数のものの利益の増進を図ることを
目的とする団体をいう。

【解説】

● 定義の考え方

　法制執務の原則から言えば，定義は，ある用語について，その意義に広狭が
あり，またいろいろに解釈される余地がある場合に置かれるものである。

　ただ，国の法律とは違って，自治体の条例では，本来の定義の意味に加えて，
その条例における基本的な用語，重要な言葉・キーワードを紹介するといった
機能も併せ持っている。条例は，政策を実現する手段（政策法務）であるという
観点からは，従来の法制執務の原則にとらわれず，後者の趣旨から，定義すべ
き用語を選択すべきだろう。

　この趣旨を徹底すれば，条文の見出しを（定義）としないで，（基本となる用
語）あるいは（重要な言葉）とすることもありえよう。

● 若者

① その捉え方

　これまで自治体の若者に関する政策と言えば，対象は，就学前の子ども，あ
るいはせいぜい中学生までであった。高校生以上になると，文化・スポーツの
担い手である若者か，困難を抱える若者に限られていた。政策領域で言えば，
福祉か，あるいは若者の健全育成，文化・スポーツ分野である。

　この条例では，若者とは，困難を抱えた若者に限らず，すべての若者が対象
となる。政策領域は，自治体の政策形成やまちづくりで，若者をそこに参画す
る主体として捉えるものである。

② その範囲

　政策の対象となる若者の年齢は，その自治体の人口構造と，どのような参画，

協働を期待するかによって違ってくる。高校や大学がないために，この世代の若者が，大量に流出する自治体では，中学生や高校生の時から，まちのことに関心を持ってもらうことが，重点的に取り組む若者参画政策である。逆に，この世代が大幅な転入超過になる自治体では，もっぱら高校生や大学生に自治体の政策形成やまちづくりに実際に参加してもらい，社会性や公共性を体得することが中心になるだろう。

下限については

- 中学校卒業，高校入学 (15歳，16歳) 以上とするものが多い。これは，若者が自分の意思で積極的に社会参画に踏み出すことを想定しているからである。
- 中学入学 (12歳) 以上とする者もある (新城市若者条例，遊佐町少年議会)。中学生のうちから，地域のことに関心を持ってもらおうという狙いである。

上限については，幅がある。

- 一般的には39歳までとする事例が多い。各種団体の青年部会や青年海外協力隊が39歳までとしている。，内閣府の子ども・若者ビジョンでは，ポスト青年期を40歳未満としている。厚生労働省がNPOや企業に委託して運営する地域若者サポートステーション[2]も39歳までである。なお，厚生労働省の「若者の意識調査」(平成25年9月) では，調査対象を15歳から39歳までとしている。
- 30歳未満とするものもある。政府の青少年育成の基本理念と施策の中長期な方向性を示す「青少年育成施策大綱」では，青少年を子どもと若者の総称と定義し，このうち，若者は，思春期 (中学生からおおむね18歳まで) と青年期 (おおむね18歳からおおむね30歳未満まで) の者としている (なお，子どもは，乳幼児期 (義務教育年齢に達するまで) と学童期 (小学生) の者である)。内閣府の「我が国と諸外国の若者の意識に関する調査」(平成26年6月) では，調査対象者は，各国満13歳から満29歳までとしている。

---

2)　地域若者サポートステーション (愛称：サポステ) では，働くことに悩みを抱えている15歳〜39歳までの若者に対し，キャリアコンサルタントなどによる専門的な相談，コミュニケーション訓練などによるステップアップ，協力企業への就労体験などにより，就労に向けた支援を行っている。

あえて年齢を定めないという対応もある。子ども・若者育成支援推進法（平成21年7月8日法律第71号）では，年齢の定義規定がない。「年齢にとらわれず早期に発見し，関係機関が連携して対応していく必要があるものと考えまして，支援対象者の年齢制限を撤廃」したとしている。

新城市の若者議会では，予算的裏付けのある政策提言を行うこと，大学進学のため地元を離れてしまう前に新城市のことについて深く考えてもらいたいということなどから，下限は高校生の年齢である16歳からとした。上限については，30歳を迎えると参議院議員や知事に立候補できるなど，あらゆる被選挙権が付与されるため，それまでの年齢層の意見について若者議会を通してカバーできるように29歳までとしたとしている。

●市民

地方自治法の概念は住民である。住民とは，その自治体に住所を有する者が「住民」で，日本人，外国人，法人も含まれる（法10条1項）。

地方自治法では，住民の参加の権利を規定している。その代表的なものが，直接請求権（法12条，13条）と住民監査請求・住民訴訟（法242条，242条の2）である。

他方，若者参画条例では市民という概念を採用している。市民は，住民よりも広い概念で，住所は持っていないが，そのまちで活動している人（在勤，在学）も含んでいる。

地方自治法の住民に加えて，あえて市民という概念をつくるのは，「住民」だけでは，サービス提供や助け合いができず，自治が維持できないからである。例えば，市外からの通勤・通学者が多いまちでは，災害時，こうした人たちの助力・協力が不可欠である。

人口減少が進み，ますます定住人口は減少する中で，住所はないが，そのまちで活動する「市民」に，まちのために，大いに頑張ってもらうようにするのが，自治経営である。それができたまちが，活気を維持していく。

3）　参議院内閣委員会　平成21年6月30日。

4）　松下・穂積編，前掲書，47頁。

●**まちづくり**

① まちづくり

まちづくりとは，道路や上下水道の整備，市街景観形成などのハード面，情報共有や住民参加などの仕組みづくりなどのソフト面の両面を含む概念である。日々，人々が生業を営み，より良い暮らしをつくっていく「暮らしづくり」そのものが「まちづくり」である。

主な定義としては，

- より良いまち，住みやすいまち，活力のある地域社会をつくること，そのために行われるすべての公共的な活動（大平町自治基本条例）
- 住み良いまち・豊かな地域社会をつくるための道路，公園，建物などの空間の創造と，その空間において展開される文化，環境，自然などに配慮した市民のための暮らしの創造を言う（柏崎市市民参加のまちづくり基本条例）

他方，まちづくりを定義しないという方法もある。ニセコ町まちづくり基本条例では，「まちづくり」の概念は非常に広く，無理に定義付けを試みても，さほど意味をなさない言葉遊びに終わる可能性があるとして，定義付けは不要としている。[5]

② 社会参画

社会参画とは，自らの意思により社会活動の企画・運営に携わることである。社会活動は，行政の政策や事業に限定せず，公共性，公益性の高い民間の活動も含む。事業実施にとどまらず，事業を企画・検討していく段階に参加することも入る。地域の課題を見出し，地域社会の形成に参画し，その発展に努力しようとする態度とも言い換えることができよう。[6]

---

5) 「ニセコ町まちづくり基本条例の手引き」では，「まちづくり」の用語を定義しない理由として，①個々の事例を挙げることはできるが，概念が広く総体で括るのは難しい。②定義することが，ニセコでの「まちづくり」の意味をかえって狭める。③定義してもすぐ陳腐化してしまう（時代とともに変化する）。④条例という法令のなかで「まちづくり」を定義する必要性が低いとしている。

6) 改正教育基本法及び学校教育法では，「主体的に社会の形成に参画し，その発展に寄与する態度を養うこと」といった一文が明記され，2008年（平成20年）度版中学校学習指導要領では，地理的分野「身近な地域の調査」に，「地域の課題を見いだし，地域社会の形成に参画しその発展に努力しようとする態度を養う」という内容が付け加えられた。

●地域活動団体

　地域活動団体とは，地域性と共同体感情を基盤とするつながり，あるいは組織・団体である。地方自治は，団体自治と住民自治で構成されているが，この自治の基礎単位が地域コミュニティである。地域コミュニティには，町内会・自治会のほか，地域協議会，老人クラブ，こども会などの地域活動団体がある。

●民間非営利公益活動団体

　NPOやボランティア団体などの民間非営利公益活動団体は，目的やミッションを共通にして，自らの問題意識に基づき，営利を目的とせず，不特定かつ多数のものの利益の増進に寄与することを目的に活動する団体である。その意味でテーマコミュニティと言われる。

　NPOとボランティアの違いであるが，ボランティアを「他者への愛」(altruism) を基本とするものと考えれば，キリスト教や仏教などの宗教の発生に遡ることができるし，ボランティアの思想をみんなで共に生きる「共生」に求めるのならば，人類の発生まで遡ることができる。これに対して，NPOは，Non-Profit Organizationの略で，もともとは，アメリカの法人格付与制度や税制制度に由来する言葉である。

　そこから，ボランティアで基本となるのは，無償性や社会奉仕で，ここでは個人の善意性が前面に出てくるが，これに対して，NPOは「非営利の会社」と言われるように，NPOにとって収益活動は当たり前で，むしろ奨励さえされている。

　このようにNPOとボランティアは同じではないが，その違いを強調しすぎるのも妥当ではない。なぜならば，地域で活動しているNPOは，ボランティア性が強いものが多いからである。そして，何よりもボランティア意識や活動が活発化していることが，NPOが社会に受け入れられ，またNPOに対する参加者や協力者が増える基盤でもあるからである。

【参考条文】

　（定義）

　第2条　この条例において，次の各号に掲げる用語の意義は，当該各号に定めるところによる。

(1) 市民　新城市自治基本条例（平成24年新城市条例第31号。以下「自治基本条例」という。）第2条第2号に規定する市民をいう。

(2) 若者　おおむね13歳からおおむね29歳までの者をいう。（新城市若者条例）

（委員）

第4条　委員は，次に掲げる者のうちから，市長が委嘱する。

(1) 市内に在住，在学又は在勤する若者であって，おおむね16歳からおおむね29歳までのもの

(2) 前号に掲げる者のほか，市長が必要と認める者（新城市若者議会条例）

5　基本理念

【条例試案】

（基本理念）

第3条　若者が存分に活躍するまちの形成の促進は，次に掲げる事項を基本理念として行わなければならない。

(1) 若者は，地域社会を構成する重要な主体である。若者は，自分の暮らす地域や社会全般の発展に関与し，その発展に参画できる権利を持つと同時に，その持てる能力や行動力を地域や社会のために存分に発揮することが期待されていること。

(2) 若者がその持てる能力や行動力を存分に発揮できるには，若者を取り巻く社会全体が，若者が果たす価値や意義を認識し，若者を育むという社会的気運の醸成や支援行動が必要なこと。

(3) 市は，若者の自主性を十分に尊重しつつ，若者参画政策の実現に向けた制度や仕組みの設定，参画や活動の機会，その他，若者参画政策を促進するために必要な措置を講じること。

(4) 若者，市民，事業者，地域活動団体，民間非営利公益団体，学校及び市が，それぞれの役割を果たすとともに，相互の理解と連携のもとに，協力して取り組むこと。

【解説】

● 理念規定の意義

　若者参画政策をどのように進めるのか，その理念を示したものが基本理念である。基本理念に類似したもので基本原則があるが，基本理念は，若者参画政策を進める際の基本的な考え方，これに対して基本原則は，基本理念を具体的な項目に整理したものと言える。

　前文，目的，基本理念，基本原則とフルセットでそろえる場合は，前文（条例制定の背景や内容），目的（内容や狙い），基本理念（基本的な考え方），基本原則（若者参画政策の進め方，つくり方）といった体系になる。

　しかし，基本理念と基本原則の差は相対的であり，無理に書き分けるまでのこともないと考えて，ここでは基本理念のみにとどめた。

● 基本理念の主な内容

　基本理念にふさわしい事項としては，次のようなものがある。

①　若者は，社会の貴重な資源である。若者は社会を構成する重要な主体であることである。ちなみに，スウェーデンの若者政策では，若者を次の4つの視点で考えている。[7]

　　第1は，資源という視点である。若者には，若者の持つ知識や経験，行動力があり，それは資源であるという発想である。

　　第2は，権利という視点である。若者には，良質な生活条件を享受する権利（自分自身の生活，自分の住む地域の環境，社会全般の発展に関与し，影響を与える権利）があるというものである。

　　第3は，自立という視点である。公的な取り組みは，若者が自立するための機会を支援しなければならないというものである。

　　第4は，多様性という視点である。若いというだけの理由で，すべての若者が同じというわけではないからである。

②　若者は，自分自身の生活や自分の住む地域の環境，社会全般の発展に関与し，その発展に参画できる権利を持っている。同時に，若者は，自分の

---

7)　津富宏「翻訳 若者と若者政策：スウェーデンの視点」静岡県立大学国際関係学部『国際関係・比較文化研究』2013年。

行動に対して責任も有している。

③　若者が自主的かつ積極的にまちづくりや社会に参画できるようにするため，行政も含む様々な関係者が，若者の社会的自立や社会参画を保障するための具体的措置を講じる必要がある。

【参考条文】

（基本理念）

第3条　基本理念として，若者が活躍するまちの形成の推進は，

(1)　若者が地域社会とのかかわりを認識し，他者とともに次代の地域社会を担うことができるよう社会的気運を醸成すること。

(2)　若者の自主性を十分に尊重しつつ，その自主的な活動に対して必要な支援を行うこと。

(3)　若者，市民，事業者及び市が，それぞれの責務を果たすとともに，相互の理解と連携のもとに，協働して取り組むこと。（新城市若者条例）

（基本理念）

第3条　学生のまちの推進は，地域社会全体で学生を育む社会的気運を醸成しながら，行われなければならない。

2　学生のまちの推進は，その主体は学生であるという認識のもとに，学生の自主性を尊重しながら，その自主的な活動を促進することを基本として行われなければならない。

3　学生のまちの推進は，学生，市，市民，町会等，高等教育機関及び事業者がそれぞれの役割を認識し，これらの者の相互の理解と連携のもとに，協働して行われなければならない。（金沢市における学生のまちの推進に関する条例）

6　関係者とその役割

若者参画政策は，行政だけでは実現ができない政策である。多くの関係者の主体的取り組みと相互の連携協力が必要になる。

第5章　若者参画条例（試案）　　127

(1) 若者

【条例試案】

（若者の役割）

第４条　若者は，前条の基本理念（以下「基本理念」という。）にのっとり，自らが暮らす地域や社会全般の発展に関与し，その発展に参画できる権利を活用して，その持てる能力や行動力を地域や社会のために存分に発揮することが期待されている。

2　若者は，市政やまちづくりに関心を深めるとともに，自主的な活動に取り組み，市民及び事業者等が取り組む活動並びに市が実施する施策に積極的に参加し，協力するよう努めるものとする。

【解説】

● 若者の役割

若者は，若者参画政策の中心的なアクターである。まず何よりも若者自身が自治体政策やまちづくりの当事者として，主体的に取り組むことで，初めて効果が生まれる政策である。

若者の役割等については，本書の様々なところで記述した。繰り返しになるが，大事なことなので，確認しておこう。

- 若者は社会の貴重な資源である。
- 若者自らが，まちづくりにおいて活躍が期待される主体であることを認識する。
- 若者自身が，まちや地域について理解や関心を深める。
- 自主的な活動に取り組み，市民や事業者が取り組む活動，市が実施する施策に積極的に参加し，協力する。

● 市外の若者

若者は，入学，卒業，就職など，何かと異動の機会も多い。また飛躍のために，市外に異動することはむしろ好ましいことである。

市外に引っ越しても，それまで住んだまちのことに関心を持ち続け，時には財政支援をし（ふるさと納税など），まちの発展のためのアイディアや政策を提案してくれる，「まちのファン」になってもらいたい。市外の若者参加の機会

や仕組みを構築する必要がある。

【参考条文】

（若者の責務）

第4条　若者は，前条の基本理念（以下「基本理念」という。）にのっとり，自らがまちづくりにおいて活躍が期待される主体であることを認識し，地域の文化，歴史等に関する理解及び関心を深めるとともに，自主的な活動に取り組み，並びに市民及び事業者が取り組む活動並びに市が実施する施策に積極的に参加し，協力するよう努めるものとする。（新城市若者条例）

（学生の役割）

第4条　学生は，前条に規定する基本理念（以下「基本理念」という。）にのっとり，自らが学生のまちの推進の主体であることを認識し，社会的なマナーや決まりを遵守するとともに，地域コミュニティへの参加，金沢のまちについての理解を深めること等を通じて，本市が学生のまちとして持続的に発展していくために協力するよう努めるものとする。（金沢市における学生のまちの推進に関する条例）

(2)　**市民**

【条例試案】

（市民の役割）

第5条　市民は，基本理念にのっとり，若者に対して自らが取り組む活動への参加を促し，必要な情報の提供，助言その他の支援を行うとともに，市が実施する若者参画政策に協力するよう努めるものとする。

【解説】

　若者参画政策は，直接的には若者に対する政策であるが，若者を取り巻く大人に対する政策でもある。大人は，自分の体験，経験で，ものを語りがちであるが，若者と向き合い，交流を通して，大人自身が，多様性と寛容性を学ぶ良い機会にもなる。

　市民は，自らが取り組む活動が若者にとって参加しやすく開かれたものとなるように心がけるとともに，積極的な情報の提供，助言，その他の支援を通し

て，若者のまちづくりや社会参画を支援する。

　また，市が実施する若者が活躍するまちの推進に関する施策に協力するよう努めるものとする。

【参考条文】

　（市民の責務）

　第5条　市民は，基本理念にのっとり，若者に対して自らが取り組む活動への参加を促し，並びに日常生活及び社会生活に関する必要な情報の提供，助言その他の支援を行うとともに，市が実施する若者が活躍するまちの推進に関する施策に協力するよう努めるものとする。（新城市若者条例）

⑶　市

【条例試案】

　（市の役割）

　第6条　市は，基本理念にのっとり，若者が存分に力を発揮できるように，若者参画政策を立案，策定及び実施しなければならない。

　2　市は，若者，市民及び事業者等と連携協力しながら，若者が存分に活躍するまちの形成の推進に取り組むものとする。

【解説】

●行政

　若者が，自治体の政策形成やまちづくりに積極的に参画し，闊達に意見を述べ，活き活きと行動するまちの形成の促進のために必要な施策を立案，策定，実施するのが行政の役割である。

　若者参画政策では，伝統的な行政法的な規制指導手法は，ほとんど機能しないから，行政の政策は，社会の理解を醸成する普及啓発手法や，若者の主体的・積極的参画を誘導支援する手法が中心になる。これは行政の力量が問われることでもある。

　行政は，地域活動団体，NPO・ボランティア団体，事業者，学校等の自主性及び自立性を尊重しながら，それぞれの団体が行う若者の自立と社会公共的な活動を促進するための適切な施策を講じるものとする。

130

若者参画政策では，アジェンダ設定が難しいため，とりわけ首長の役割は重要である。若者参画政策の意義を理解し，強力に推進するリーダーシップが求められる。

職員も重要である。法的には職員は首長の補助機関ではあるが，それは単に補助的・受動的に仕事をするということを意味しない。若者参画政策の重要な担い手として，新たな政策課題を切り開き，提案し，着実に実践する職員が期待される。

●議会・議員

議会・議員は行政のチェック機関であると誤解されるが，条例制定権，予算審議権などを持つ自治の共同経営者である。自治経営の主体として，若者参画政策を提案，決定，推進していく役割が求められる。とりわけ若者参画政策は，アジェンダ設定が容易ではないことから，議員の理解とリーダーシップが重要である。

【参考条文】

（市の責務）

第7条　市は，基本理念にのっとり，若者が活躍するまちの形成の推進のために必要な施策を策定し，及び実施しなければならない。

2　市は，若者，市民及び事業者と連携を図りながら若者が活躍するまちの形成の推進に取り組むものとする。（新城市若者条例）

（市の役割）

第5条　市は，基本理念にのっとり，学生のまちの推進を図るために必要な施策を策定し，及び実施しなければならない。

2　市は，基本理念にのっとり，前項の規定により策定する施策に学生，市民，町会等，高等教育機関及び事業者の意見を十分反映させるよう努めるとともに，その施策の実施に当たっては，これらの者の理解と協力を得るよう努めなければならない。

3　市は，基本理念にのっとり，学生のまちの推進に関し，町会等，高等教育機関，関係行政機関等と密接な連携を図るとともに，学生，市民，町会等，高等教育機関及び事業者が行う学生のまちの推進に関する取組につい

て，相互の連携と協力が図られるよう必要な調整を行うものとする。（金沢市における学生のまちの推進に関する条例）

(4) 地域活動団体

【条例試案】

（地域活動団体の役割）

第7条　自治会等の地域活動団体は，地域を基盤とした市民相互の連携協力を通して，若者の自己形成及び社会的自立を支援するとともに，若者が参画しやすい開かれた活動の実施，自由で闊達な意見交換等ができる環境づくり及び若者との交流を通して，地域課題の解決に向けて協力して行動するように努めるものとする。

2　自治会等の地域活動団体は，市が実施する若者が存分に力を発揮するための若者参画政策に協力するよう努めるものとする。

【解説】

現行法では，地域活動団体を含む地域コミュニティに触れている法律はきわめて少ない。

地方自治法の地縁団体に関する規定は，260条の2から260条の39まで詳細にわたるが，内容は地縁団体に法人格を付与し，管理・運営，監督するための手続的な規定となっている。つまり，現行法は，地域コミュニティそのものには踏み込まず，法人格を付与する道を開いて，間接的にコミュニティ活動を促進するという位置付けになっている。

地域コミュニティには，お互いの顔が見える人間関係があり，様々な体験活動や異世代間交流を通して，若者の自己形成や社会的自立を支援する揺籃機能がある。

若者が，地域活動に参加することで，シティズンシップ教育の機会となるとともに，地域の中で発言し，行動し，社会の一員として責任を果たすことを通して，民主主義を体験的に学ぶことができる。

【参考条文】

（市民及び町会等の役割）

第6条 市民及び町会等は，基本理念にのっとり，学生が参加しやすい開かれた活動の実施と当該活動への参加の呼びかけ，学生の地域における生活の支援等を通じて，日常生活等における学生との交流が深まるよう努めるとともに，本市が実施する学生のまちの推進に関する施策に協力するよう努めるものとする。(金沢市における学生のまちの推進に関する条例)

⑸　民間非営利公益活動団体

【条例試案】

（民間非営利公益活動団体の役割）

第7条 NPOやボランティア団体等の民間非営利公益活動団体は，それぞれが持つ目的やミッションを実現しようとする活動を通して，若者の自己形成及び社会的自立を支援するとともに，若者が参加しやすい開かれた活動の実施，自由で闊達な意見交換等ができる環境づくり及び若者との交流を通して，社会的課題の解決に向けて協力して行動するように努めるものとする。

2 NPOやボランティア団体等の民間非営利公益活動団体は，市が実施する若者が存分に力を発揮するための若者参画政策に協力するよう努めるものとする。

【解説】

民間非営利公益活動団体の強みは，専門分野の知識が豊富で現場をよく知っている，小回りが利き臨機応変に対応ができる，公平性・公正性にとらわれず自由で柔軟な対応ができる，横のつながり，ネットワークを活かせる等である。この点が，公平性，画一性を行動原理とする行政との違いである。

こうした強みを背景に，民間非営利公益活動団体は，若者の社会的自立や若者のまちづくり・社会参画を支援する役割も果たすことができる。なお，テーマコミュニティについては，現行法はNPOを対象として，NPO法(特定非営利活動促進法)が制定されている。

若者が，NPO活動等に参加することで，シティズンシップ教育の機会となるとともに，社会の一員として公共的役割を果たすことを通して，民主主義を

体験的に学ぶことができる。

⑹　企業・事業者
【条例試案】

（事業者の役割）

第８条　事業者は，若者の自主的な活動に対する支援，職場体験活動の実施
　　等を通じて，若者の社会参加を支援するよう努めるものとする。

２　事業者は，市が実施する若者が存分に力を発揮するための若者参画政策
　　に協力するよう努めるものとする。

【解説】

　企業・事業者は，雇用を通して，若者の経済的自立に大きな役割を果たして
いる。

　企業・事業者の行動原理は，利潤追求であるから，利益につながれば，機動
性に富んだサービス提供が行われる。この企業ならではの行動原理を活かして，
若者のまちづくり，社会参画に向けた取り組みを支援することができる。

　企業・事業者は，従業員である若者が社会活動に参加しやすい環境を整える
とともに，社会的責任に基づく地域貢献活動の一環として，若者のまちづくり，
社会参画にも寄与できる。

【参考条文】

（事業者の役割）

第８条　事業者は，基本理念にのっとり，学生の自主的な活動に対する支援，
　　職場体験活動の実施等を通じて，学生の社会参加を支援するよう努めると
　　ともに，本市が実施する学生のまちの推進に関する施策に協力するよう努
　　めるものとする。（金沢市における学生のまちの推進に関する条例）

⑺　学校
【条例試案】

（学校の役割）

第９条　学校は，若者の地域活動への参加及び自主的な活動の促進，教育研

134

究成果その他の知的資源を活かした地域貢献活動の推進等を通じて，若者
　の社会参加を支援するよう努めるものとする。

2　学校は，市が実施する若者が存分に力を発揮するための若者参画政策に
　協力するよう努めるものとする。

【解説】

　学校は，その知的資源を活かして地域貢献活動の推進ができる。また学校は，
学生たちが，地域に出る機会をつくることができる。学校は，研究，教育を通
して，若者のまちづくりや社会参画に貢献できるという強みを持っている。最
近では，学校と地域の連携を強化するため，市と大学との包括連携協定を結ぶ
例も増えてきた。

【参考条文】

（高等教育機関の役割）

第7条　高等教育機関は，基本理念にのっとり，学生の地域コミュニティへ
　の参加及び自主的な活動の促進，学生との協働による教育研究成果その他
　の知的資源を生かした地域貢献活動の推進等を通じて，学生と市民との相
　互の交流及び学生と金沢のまちとの関係が深まるよう努めるとともに，本
　市が実施する学生のまちの推進に関する施策に協力するよう努めるものと
　する。（金沢市における学生のまちの推進に関する条例）

7　推進計画

【条例試案】

（若者参画政策推進計画）

第10条　市長は，若者が存分に活躍するまちの形成の推進に関する施策を
　総合的かつ計画的に実施するための計画（以下「若者参画政策推進計画」とい
　う。）を定めなければならない。

2　若者参画政策推進計画は，次に掲げる事項を定めるものとする。

⑴　若者が存分に活躍するまちの推進に関する基本的な方針

⑵　前号にかかげる基本的な方針を具体化する施策の内容

(3) 前2号に掲げるもののほか，若者が存分に活躍するまちの形成を総合的かつ計画的に推進するために必要な事項

3 市長は，若者参画政策推進計画を策定しようとするときは，第22条に規定する若者政策推進会議の意見を聴かなければならない。

4 市長は，若者参画政策推進計画を定め，又はこれを変更したときは，遅滞なく，これを公表しなければならない。

【解説】

● 推進計画の策定

若者参画条例では概略を定めて，内容の詳細は，後から定める推進計画に規定するという方式を採用するのが現実的だろう。

これは条例は，一度制定されると，事実上そう簡単には改正ができないためである。現時点では，若者参画政策の具体的内容を詰め切れず，また，予算措置や若者の活動状況によって政策が左右されるといった不確実な要素がある場合は，後の運用の中で弾力的に動ける形式として，推進計画方式が採用される。

他方，この推進計画方式は，施策内容の決定を議会における審議を経ずに，行政内部の検討に委ねるものであるから，せっかく条例という法形式を採用して，オープンな議論で内容を決するという意義を減じてしまうことになる。

そこで，この推進計画の策定にあたっては，行政内部だけで検討するのではなく，有識者，関係機関の代表などのほか，当事者である若者も参画することが必要である。

● 若者参画政策推進計画の内容

若者参画政策推進計画の内容としては，総論で計画策定の趣旨，概要，推進体制を明確化し，若者参画政策の総合的な推進を図ることを明らかにする。次いで，若者参画政策の現状を分析し，その対策として，重点的に取り組むべき課題とそれ以外の課題に分け，それぞれ普及啓発，誘導支援，行政指導等の手法により施策を展開することになる。

この計画の推進にあたっては，若者に関わる部局が連携し，全庁的な取り組みを行うとともに，計画の進行管理を綿密に行うことも必要である。

若者参画政策推進計画の見直しについても，今後ますます，全国で様々な試

みが行われ，有用な知見も蓄積されてくるので，適宜行っていく必要がある。

● アクションプランの策定

　若者参画政策計画を着実に推進するため，この計画に基づいて取り組むべき事務事業の内容及びスケジュールをまとめたアクション・プランを策定し，アクション・プランに掲げた事務事業の進行管理を行うことが望ましい。

【参考条文】

（若者総合政策）

第8条　市長は，若者が活躍するまちの形成の推進に関する施策を総合的かつ計画的に実施するための計画（以下「若者総合政策」という。）を定めなければならない。

2　若者総合政策は，次に掲げる事項を定めるものとする。

⑴　若者が活躍するまちの形成の推進に関する基本的な方針

⑵　市が実施する施策の内容

⑶　前2号に掲げるもののほか，若者が活躍するまちの形成を総合的かつ計画的に推進するために必要な事項（新城市若者条例）

8　憲章

【条例試案】

（若者憲章）

第11条　市長は，若者が存分に活躍するまちの形成の推進に向け，若者，市民，地域活動団体，民間非営利公益活動団体及び事業者等の日常の行動の指針として，若者憲章を定めるものとする。

2　市長は，若者憲章を定めるに当たっては，若者，市民，地域活動団体，民間非営利公益活動団体及び事業者等の意見を反映することができるよう必要な措置を講ずるものとする。

【解説】

● 若者憲章

　全国の自治体で様々な憲章が制定されている。市民憲章のほか，高齢者憲章

第5章　若者参画条例（試案）　137

（市原市，筑後市など），子ども憲章（八千代市，町田市など），女性憲章（三鷹市，久留米市など）などもあり，その1つとして，若者憲章を制定するものである。

憲章と条例の違いは，憲章は，市民に行動規範として一定の行為を求めることはあるが，それは郷土愛や市民道徳をベースにするもので，住民の権利や行政の責務などを盛り込む条例とは異なっている。

一般的に憲章は，前文と本文から構成され，前文では，憲章策定の理由，目的，決意を述べ，本文は，5項目程度の箇条書きとすることが多い。

若者憲章づくりにあたっては，行政だけで行うのではなく，若者をはじめ，市民，事業者，地域活動団体のメンバー等，若者の自立や社会参加に取り組んでいる人や組織が参加して制定していく必要がある。

● 若者政策都市宣言

都市宣言は，基本的には，特定のテーマについて宣言を行うという形式により，テーマについて自治体としてどのように取り組もうとしているかという意思，主張，方針を内外に表明するものである。目に見える形で提示することで，自治体がそのテーマに取り組んでいるという姿勢を示すことができる。

都市宣言には法的拘束力はなく，その方法も議会の議決，首長の声明など様々である。また，都市宣言の制定は，地方自治法第96条で規定されている地方議会の議決事件には当たらないため，条例により議決を要すると定められている場合を除いては議会による議決を必要としないが，議会の理解と賛同を得ながら，進めていくべきだろう。

● 総合計画に若者参画政策を位置付ける

総合計画は，行政運営全般の基本的な理念や大方針を示す「基本構想」，基本構想に沿って行う各分野における施策を示す「基本計画」，基本計画にそって実施する具体的な事業を示す「実施計画」など，階層化された複数の計画により構成されることが多い。

地方自治法の一部を改正する法律（平成23年法律第35号）が施行され，法的な策定義務は失われたものの，一定以上の業務規模と社会的責任を有する組織については，総合計画に類する計画を策定することになると思われる。

この総合計画に若者参画政策を位置付けることにより，行政・議会，市民等

が，若者参画政策の意義と重要性を認識し，共に取り組んでいくことを明確に
することになる。

9　広報及び啓発

【条例試案】

（広報及び啓発）

第12条　市は，若者が存分に活躍するまちの形成の推進に関し，若者，市
　　民，地域活動団体，民間非営利公益活動団体及び事業者等の関心を高め，
　　その理解と協力を得るとともに，それぞれが取り組む若者参画政策の活動
　　を促進するため，必要な広報及び啓発活動を行うものとする。

2　市は，市が行う若者参画政策の実施状況のほか，若者，市民，地域活動
　　団体，民間非営利公益活動団体及び事業者等が取り組む活動のうち，若者
　　が存分に活躍するまちの形成の推進に特に資すると認めるものの実施状況
　　について，インターネットの利用その他の方法により公表するものとする。

【解説】

● 若者自身が自らの役割や価値を自覚し，「自信を取り戻していく」

　国際比較で見ると，他国と比べて，日本の若者は，自己肯定感が低いとされ
ている[8]。むろん，日本人の場合は，謙遜や謙虚に表現・回答する国民性もある
ことから，額面通りには受け取れないが，それでも，自分に自信がない，自分
を無価値な存在と感じる若者が相当数いるということである。そこでまずは，
若者が自信を取り戻していくためのPR，啓発活動を行っていくべきだろう。

　すでに見たように日本人の自己肯定感は，自尊感情ではなくて，自己有用感
に基づくことが多いから，若者参画政策では，社会や他者の役に立つという点
をPR・啓発のポイントに据えるべきだろう。

● 若者向けのPR・啓発

　普及啓発手法は，不特定多数を相手に，その意識やモラルに働きかける手法

---

8)　内閣府の「我が国と諸外国の若者の意識に関する調査」。

第5章　若者参画条例（試案）　139

である。ポスター等によるPR，講演会やシンポジウムの開催，PR・啓発のための各種イベント等，メディアの活用（テレビ，ラジオ，新聞，インターネット等），統一コンセプトによるPR（キャッチコピー，シンボルマーク，イメージキャラクター，シンボルカラー等），若者向けの講演会や社会参画講座などがある。

PR・啓発にあたっては，多くの若者が参画するように若者が興味を持てるテーマの設定や講師の選定などに考慮しなければならない。新城市の若者議会の募集では，若者to若者を基本にPR活動を行った。[9]

最初は新鮮であった普及啓発手法も，続けていくうちにどんどんマンネリ化してしまうので，新たなPR・啓発手法を開発していく必要がある。

● 大人をターゲットにした普及啓発

若者を取り巻く社会全体が，若者参画政策の意義や重要性を認識することが必要である。そのためには，大人世代の意識を変えるための施策が必要となる。若者参画政策は，ある意味，大人政策でもあるからである。

人は，自分の経験や心象風景から論じがちになるので，大人にとっては，若者は，自分たちの時代とは違う難しい状況に置かれていることを理解することから始めるべきだろう。同じ地平に立たなければ，若者参画政策は，先に進まない。

● 啓発月間

若者参画政策の推進について，若者，市民，事業者，地域活動団体，NPO等の関心と理解を深めるとともに，若者参画政策に対する積極的な支援を促進するため，若者月間を設けるものである。そのほか，若者週間，若者の日を制定することもあるだろう。

【参考条文】

（普及啓発等）

第13条　市は，若者が活躍するまちの形成の推進に関し，市民及び事業者の関心を高め，その理解と協力を得るとともに，若者，市民及び事業者のそれぞれが取り組む活動に対して相互の参加が促進されるよう，必要な啓

---

9)　松下・穂積編，前掲書，29頁。

発活動を行うものとする。

2　市は，若者総合政策の実施状況のほか，若者，市民及び事業者が取り組む活動のうち，若者が活躍するまちの形成の推進に特に資すると認めるものの実施状況について，インターネットの利用その他の方法により公表するものとする。

（若者活躍推進月間）

第15条　市は，若者が活躍するまちの形成の推進を図るため，若者活躍推進月間を定めるものとする。

2　市は，若者活躍推進月間において，その趣旨にふさわしい施策を実施するよう努めるものとする。（新城市若者条例）

（普及啓発）

第13条　市は，学生のまちの推進についての学生，市民等の理解と関心を深めるため，その普及啓発に努めるものとする。（金沢学生のまち推進週間）

第14条　市は，学生，市民，町会等，高等教育機関，事業者及び市が一体となって学生のまちの推進を図るため，金沢学生のまち推進週間を定めるものとする。（金沢市における学生のまちの推進に関する条例）

10　学習及び人材育成

【条例試案】

（学習及び人材育成）

第13条　若者，市民，地域活動団体，民間非営利公益活動団体，事業者等及び市は，地域，学校及び職場など様々な場所において，若者参画政策に関する学習の機会の確保に努め，まちづくりの担い手である若者の発掘及び育成に努めるものとする。

【解説】

　若者参画政策では，実際に活動する若者の確保が難しい。新城市の若者議会では，若者に手を挙げてもらうために，様々なPR手段を駆使した。市広報，ホームページ，SNS等での情報発信はもちろんのこと，ポスターやチラシを作

成し，市内各所に掲示し配布した。地元の高校や専門学校にも出掛け，時には生徒達の前で思いを伝えた。市内の主な企業にも出掛けPRを行った。地元のJR飯田線に中吊り広告も出した。住民基本台帳から無作為抽出を行い，抽出された若者に直接，参加を依頼した。考えつく様々なツール・方法を使って若者を集めている。

11　相談

【条例試案】

（相談等）

第14条　市は，若者が存分に活躍するまちの形成の推進に関し，相談，専門家の派遣その他の必要な措置を講ずるよう努めるものとする。

【解説】

相談には，若者からの相談と，地域コミュニティ・NPO等からの相談がある。

若者側からは，市政や地域のまちづくりに参画するにあたって，機会，場所，不安等に関する相談が考えられる。気軽に相談できる窓口やノウハウを蓄積しておく必要がある。他方，地域やNPOからは，若者を集める方法や受け入れ側が留意すべき事項等に関する相談などが考えられる。

相談に応じるには，専門知識，実務経験，人的ネットワークなどが必要であるが，若者参画に関して，そこまでの知識，経験等が現時点で十分に蓄積されているのか疑問である。ノウハウの蓄積とともに，相談員の育成・充実，相談窓口等の整備等に取り組む必要がある。

12　情報の発信及び共有

【条例試案】

（情報の発信及び共有）

第15条　若者，市民，地域活動団体，民間非営利公益活動団体，事業者等

及び市は，互いの活動を理解し，若者参画政策を推進するため，自らが行う活動に関する情報を発信し，共有するよう努めるものとする。

2　若者参画政策に関する情報は，情報を受ける者に配慮し，適切な時期及び方法により発信し，共有されるものとする。

【解説】

●情報発信・情報提供で留意すべきポイント

自治体の強みは，地域や住民の情報を持っていること，社会的信頼度が高いということである。その強みを活かして，若者の情報（参画の機会，人材，活動場所，交流等）を積極的に収集するとともに，若者や受け手に応じて，多様な手段により，効果的に情報を提供することが必要である。

若者参画の情報は，単なるお知らせにとどまらずに，次の点に留意すべきである。

- 広く市民にとって分かりやすく，共感を得ることができる情報提供
- 知りたいと思う市民・若者にターゲットを絞った情報提供
- 若者がまちのために活動してみようと，そのきっかけになる情報提供
- まちのために活動している若者，その若者を支援している市民の後押しとなるような情報提供
- 行政と若者，市民と若者，若者間で，対話と交流のきっかけとなる情報提供
- 若者や若者を支援する市民が発信する情報の提供

● SNS

若者に対する情報提供方法としては，SNS（Social Networking Service）を活用した方法が挙げられる。

広報紙やホームページ等により，様々な情報が発信されてはいるが，若い世代が積極的に情報を受け取りに行かない限り，若者には届かない。実際，行政が発行する広報紙やホームページから情報取得をする若者の割合はきわめて低く，また，発信している側（行政）の一方通行となっていることが多い。

SNSの特徴としては，①情報が自動的に飛び込んでくることである。既存のホームページでは情報に対し自らが動かなければ情報を得られないが，SNSの

第5章　若者参画条例（試案）　　143

場合は自動的に，かつリアルタイムに情報を得ることができる。②双方向の情報のやり取りが可能であること。情報を受け取った側がコメントとして反応を示すことができるため，今までにない行政と若者のコミュニケーションが可能となる。③拡散することである。受け取った情報に共感すると，その情報が友人から友人へと拡がっていく。

　TwitterやFacebook等の若い世代が親しみやすいSNSの活用を図っていく必要がある。

13　自治体政策への参画

【条例試案】

（自治体政策への参画）

　第16条　市は，政策の計画策定，実施，評価等の各段階において，若者が
　　　参画でき，闊達に議論し，活き活きと活動できるように配慮するものとす
　　　る。

　2　市は，政策の計画策定，実施，評価等の各段階において，若者の参画に
　　　より得られた意見が実際に反映されるよう努めるものとする。

　3　市は，政策形成の各段階に応じ，適切な情報提供に努めることによって，
　　　若者が存分に力を発揮できるようにするものとする。

【解説】

● 参加のステージ

　参加は幅広い概念で，シェリー・アーンステインは，世論操作（manipulation）から，市民のコントロール（citizen control）まで，8段階の「参加のはしご」を提案している。これに対しては，市民コントロールまで参加の概念に含めるのは無理があること，上に登れば登るほど優れているという，はしごの発想自体が，参加の実態に合致しないと考えて，私は参加のステージという考え方を示している。

　(1)　周　　知　情報の提供

　(2)　形式参加　形だけの意見聴取（聞くだけ）

- (3) 形式参加　形だけの協議の場あり
- (4) 実質参加　決定の協議の場に参加
- (5) 実質参加　協議の場でイニシアティブ発揮

の5つのステージである。

　この参加のステージから見ると，参加は「周知」から「実質参加」まで幅が広いが，地方自治においては，実質参加をどのように内実のあるものにするかが最大の論点である。

● 若者に特化した意識調査の実施

　多くの自治体では，住民の意識や価値観の変化，多様化する生活ニーズを的確に把握し，その結果を行政の施策に反映するために意識調査を実施している。

　意識調査の結果は，地域，性別，年代別などで分析されるため，若者の意見についても，ある程度把握することはできるが，一方で標本数が少ないため，40歳代以上の意見に比べ少数意見として取り扱われるおそれもある。そのため，若者の意見を政策に反映させることに重点を置き，あえて，若者だけを対象とした，アンケート調査や意識調査を行う方法が考えられる。

　なお，若者が回答しやすいインターネットなどを活用することも効果的である。

● 無作為抽出による市民参加

　プラーヌンクスツェレは，ドイツのペーター・C・ディーネル博士が1970年代に考案した市民参加の手法で，無作為で選ばれた市民が討議を行う方式である。無作為で委員が選ばれるところは，日本の裁判員制度をイメージすると理解がしやすい。[10]

　ドイツでは，プラーヌンクスツェレは，平均的な市民意見の収集と市民意思の決定方法として使われている。これを地域における若者参画手法として応用するものである。

　一般に，まちづくり等に参加するのは，高齢者の比率が多くなるが，無作為

---

10)　松下啓一編『熟議の市民参加──ドイツの新たな試みから学ぶこと──』萌書房，2013年。考案者のディーネル博士の息子であるベルリン工科大学のハンス・リウガー・ディーネル博士に，プラーヌンクスツェレの適訳を尋ねたところ，「Citizens' Jury」(市民陪審)がふさわしいとの意見だった。

抽出方式では，一定数の若者が参加する。若者の中にも，潜在的な参加希望者がいて，それを掘り起こす制度として機能する。

　案件学習の機会となるという点も重要である。「抽選で選ばれたので，1カ月間新聞を読み，スクラップを取った」という意見があるように，確かに，選ばれて出るからには，きちんと，まちのことに関心を持ち，勉強しようという契機となる。与えられた学習ではなく，自主的，主体的な学習なので，教育効果も大きいだろう。この点は，軽視されがちであるが，民主主義の学校である地方自治にとっての基本である。

● **若者を対象とした無作為抽出方式**――相模原市南区の例

　相模原市南区では，「若い世代のまちづくりへの参加促進の方策」を検討するため，若者を対象とする無作為抽出方式を実施した（2013年9月）。

　手順としては，南区内に在住の16歳以上39歳以下の男女3,000名を住民基本台帳から無作為に抽出する。住民基本台帳からの抽出なので，技術的には容易である。抽出された人に，参加のお願い通知を送付したところ，29名の参加承諾（承諾率0.96％）があり，承諾者へ開催通知及び参考資料（南区区ビジョン）を送付した。

　その後，開催日までに欠席連絡があった者3名，当日欠席者が7名いたため，最終参加者は19名（参加率0.63％）となった。

　19名の内訳であるが，10歳代：5名（26.3％），20歳代：6名（31.5％），30歳代：8名（42.2％）となった。子育て世代の方が参加しやすいように，3歳から未就学児を対象に保育のサービスを実施したが，実際に利用者が3名あった。

● **インターンシップの活用**

　若者を社会参画させる手法の1つにインターンシップが挙げられる。

　インターンシップは「学生が在学中に自らの専攻，将来のキャリアに関連した就業体験を行うこと[11]」である。インターンシップの実施により「自己の職業適性や将来設計について考える機会となり，主体的な職業選択や高い職業意識の育成が図られる」。インターンシップを経験することによって働くこと，言

11）　平成9年9月18日文部省，通商産業省，労働省による「インターンシップの推進に当たっての基本的考え方」。

い換えれば社会に参画することに対して，能動的な意識が形成されるようになると考えられる。そのインターン先として，地域のまちづくりを考えるものである。

その1つの例が，長野県小布施町の地域づくりインターンで，これは小布施町のまちづくり（情報発信）を目的としたもので，最終的には町に対して提言・企画提案を行うものである。

● 若者による政策提案制度の整備

若者が，市に対して，まちづくりに関する提言や提案できる機会を保障し，意見，要望などを施策に反映させるための仕組みの整備である。

単なる要望ではなく，若者自身が，市政情報等を自ら調査し，責任を持って具体的な案を提案できるようにすることが好ましい。新城市では，若者に1,000万円の予算提案権を付与している（若者議会）。

若者の提案を受けた市は，公益性，公平性・公正性，必要性等の観点から，その提案を検討することになるが，行政の内部審査，議会審査に耐えうるような政策にするには，若者の政策立案を伸ばし，育てていくという姿勢とともに，若者の政策立案をサポートする仕組みも同時に開発していく必要がある（新城市のメンター制度）。

【参考条文】

（若者の意見の収集等）

第9条　市は，若者が市政に対して意見を述べることができる機会を確保し，市政に反映するよう努めるものとする。（新城市若者条例）

14　財政的な支援措置

【条例試案】

（財政的支援）

第17条　市は，若者，市民，地域活動団体，民間非営利公益活動団体及び事業者等が取り組む活動であって，若者が活躍するまちの形成の推進に資すると認めるものに対して，予算の範囲内において，必要な財政上の措置

を講ずるよう努めるものとする。

【解説】

●財政支援の意義

金銭的誘因をテコに政策目的の実現を図るものである。経済的助成措置と経済的負担措置がある。

経済的助成措置としては，税制優遇，補助金，融資・利子補給，基金の創設等がある。経済的負担措置としては，法定外目的税や法定外普通税，課徴金，デポジットシステム等があるが，若者参画政策では，経済的助成措置の方が有効である。

●活動経費（交通費等）

大学生等の若者が活動に参加するにあたっては，交通費等について金銭的な負担を感じ，参加を躊躇する若者も存在する。交通費程度の補助を検討するものである。

これを地域活動団体の負担とすることも考えられるが，切迫した財政状況で活動をしている場合には簡単ではない。若者を応援する補助制度の活用（若者を応援するための少額ファンドによる支援），若者基金の設立等がある。基金の積み立てには，住民や企業からの寄付金額と同額を行政も積み立てるマッチングギフト方式なども有効である。

必要経費の有償化は，ボランティア全体にからむ大きな問題であるので簡単には結論ができないが，考えながら開発していくべきである。

●予算的裏付け

若者の活動に予算的な裏付けを与えるものである。

新城市の若者議会では，提案する事業の財源として1,000万円を見込んでいる。つまり，若者が1,000万円の範囲で市が実施すべき事業を考え，提案する仕組みである。単に若者が議論し検討するだけにとどまらず，事業実施までを想定した提案を求めるものである。

しかし，この若者活動予算には2つの制約がある。

第1は，市の事業であるため，市の事情をきちんと把握するとともに，法令上の問題や現実性，公平性，平等性，費用対効果など市の事業としての基準を

満たすものでなければならない。新城市では，メンター職員がこの検討を担当部署と検討しながら，若者委員を支えている。

第2が，時間的な制約である。予算を伴う事業提案は，予算成立手続きの流れにのらなければならず，市役所の予算要求期限（10月頃）までに事業内容を固めなければならない。新城市の場合は，5月に委員に就任して，半年ほどで事業提案をしなければならない。

●ポイント制

若者のまちづくり・社会参画を促す手段として，ポイントという経済的利益（インセンティブ）を与えるという手法である。ポイント制度は，広く行われている制度であるが，これを若者参画に応用するものである。

例えば，高齢者について，介護支援ボランティアポイント制度が，多くの自治体で導入されている。鹿児島県では，介護予防等に取り組む高齢者個人にポイントを付与する「高齢者元気度アップ・ポイント事業」と，高齢者を含むグループが行う互助活動にポイントを付与する「高齢者元気度アップ地域包括ケア推進事業」が創設されている。[12] ポイントがたまると，地域商品券に交換できるという点がインセンティブになり，また地域商品券を使って地元で買い物をすることで，地域経済の振興にも役立つことになるという制度である。これを若者に応用するものである。財源の確保など課題はあるが，検討のヒントになると思う。

●若者政策促進税

若者参画を含めた若者政策を推進するために，その費用の一部を広く市民から求める新税を創設するものである。

ヒントは，宮崎市で採用されていた地域コミュニティ税である。これは防災訓練や里山保全など，住民主体のまちづくり事業に全額を充てる全国初の試みであった（2009年4月導入，2011年4月廃止）。

宮崎市では，2006年の1市3町の合併を機に，従来の地縁団体より広い地域

---

12) 平成19年5月に厚生労働省から「介護支援ボランティア活動への地域支援事業交付金の活用について」通知があり，その中で，高齢者が自らの介護予防のためにボランティア活動を行った場合，ポイントが得られ，現金に還元できる仕組みを介護保険の地域支援事業で実施することが可能とされた。

を単位とする地域自治区や合併特例区を軸とする住民主体のまちづくりを展開
したが，安定した財源として，住民自治の観点からその活動費の一部を広く市
民から求める地域コミュニティ税を創設した。

市民税均等割の納税義務者に年額1人あたり500円を市民税均等割超過税と
して課税するもので，これを地域活動の実践団体である地域まちづくり推進委
員会に全額交付し，地域自治区・合併特例区で取り組む地域の課題解決のため
の活動費とするものであった。

若者政策の重要性が認識されるようになれば，こうした新税の創設もあなが
ち不可能ではない。

【参考条文】

（活動等に対する支援措置）

第12条　市は，若者，市民及び事業者が取り組む活動であって，若者が活
　　躍するまちの形成の推進に資すると認めるものに対して，予算の範囲内に
　　おいて，必要な財政上の措置を講ずるよう努めるものとする。（新城市若者
　　条例）

（援助）

第19条　市長は，前条第2項に定めるもののほか，学生のまちの推進を図
　　るため必要があると認めるときは，技術的な援助をし，又は予算の範囲内
　　において，財政的な援助をすることができる。（金沢市における学生のまちの
　　推進に関する条例）

15　活動拠点の整備等

【条例試案】

（活動拠点の整備等）

第18条　市は，若者，市民，地域活動団体，民間非営利公益活動団体及び
　　事業者等が，若者が存分に活躍するまちの形成の推進に関する活動に取り
　　組むに当たって必要があると認めるときは，管理する施設，設備及び物品
　　の貸付け等の措置を講ずるよう努めるものとする。

【解説】

　まちや地域と若い世代がつながり，互いに信頼関係を築いていくためには，出会いや交流の場としての活動拠点が必要である。

　公的施設については，利用制限がある，利用手続きが繁雑にすぎる，使い勝手が悪い，管理がうるさい，終了時間が早いといった問題点が指摘されている。管理の視点から考えれば，そのようになるが，若者の活動を支えるという観点から考えていくと，改善すべき点も出てくるだろう。

　この活動拠点では，施設や設備を利用するほか，活動に関する情報を収集・提供，学習の機会，相互交流の機会，相談等も行うことができる。

【参考条文】

（活動等に対する支援措置）

第12条

　2　市は，若者，市民及び事業者が若者が活躍するまちの形成の推進に関する活動に取り組むに当たって必要があると認めるときは，管理する施設，設備及び物品の貸付け等の措置を講ずるよう努めるものとする。（新城市若者条例）

16　表彰・顕彰

【条例試案】

（顕彰）

第19条　市長は，若者が存分に活躍するまちの形成の推進に関し，次の各号に掲げる優れた活動を行ったと認める個人又は団体を顕彰することができる。

⑴　長年にわたり，若者の社会的自立や参画を促進する活動を自主的に行っていると認められる個人又は団体

⑵　若者の社会的自立や参画を促進する活動において，模範となったと認められる活動を行った個人又は団体

⑶　前2号に定めるもののほか，市長が特に表彰することが適当と認めた

個人又は団体

【解説】

　まちづくり・社会参画した若者を表彰するものと，若者のまちづくり・社会
参画に取り組んでいる活動実施者や団体を表彰するものがある。

●若者の表彰

　相模原市には，地域活動・市民活動ボランティア認定制度がある。これは，
一定以上の地域貢献活動を自主的に行った学生及び学生グループに対し，大学
からの推薦に基づき，市から認定証を贈呈するものである。活動時間又は活動
回数に応じて，ボランティア学士，ボランティア修士，ボランティア博士とい
う名称で，認定証を出している[13]。

　認定証は，学生の行った地域貢献活動に対して，市として感謝の意を表する
とともに，将来にわたり地域貢献に目を向け，活動してもらうための励みとし
て贈呈するものであるが，学生にとっては，励みになるものであるし，就活の
際には，セールスポイントとすることもできる。

●若者参画に取り組んでいる地域や団体の表彰

　若者参画に積極的に取り組んでいる地域や団体，事業所を表彰し，その功績
を称えることにより，若者参画に関する一層の関心と意欲を高め，若者参画を
促進するものである。

　参考になる事例としては，内閣府による子ども若者育成・子育て支援功労者
表彰がある。興味深いのは，単に表彰するだけにとどまらず，ホームページで
積極的に公表・PRしている点である。それが今後も活動を継続する後押しに
なっている。

●まちづくりや社会参画を推進する企業にインセンティブを与える

　若者の中には，「社会参画をしたくてもその時間がない」という人もいる。
特に社会人の若者にとっては，平日，昼間に開催される活動に参加することは
一般的には困難であろう。内閣府が平成15年度に実施した国民生活選好度調

13）　認定に必要な活動実績と認定の種類は，活動時間30時間以上または活動回数30回以上でボ
　　ランティア学士，活動時間90時間以上または活動回数90回以上でボランティア修士，活動時
　　間150時間以上または活動回数150回以上でボランティア博士としている。

査でも，ボランティアや地域の活動などに参加するために，休暇を取り，仕事を切り上げることができる制度がある会社は，わずか10.2％にすぎなかった。

　社会人である若者のまちづくりや社会参画を進めるには，企業側の理解と支援が不可欠であるから，企業の取り組みを促進するために，表彰や認定制度，補助金や法人住民税の減税などのインセンティブを与えることなどが考えられる。

【参考条文】

（表彰）

第14条　市長は，新城市功労者表彰条例（平成19年新城市条例第10号）に定めるところにより，若者が活躍するまちの形成の推進に貢献し，その功績の顕著な者を表彰することができる。（新城市若者条例）

（表彰）

第20条　市長は，学生のまちの推進に著しく貢献した者を表彰することができる。（金沢市における学生のまちの推進に関する条例）

17　若者組織の設立

【条例試案】

（若者議会）

第20条　市長は，若者参画政策の策定及び実施に関する事項を企画，調査，実施させるため，若者議会を設置する。

2　若者議会については別に定める。

【解説】

　集まった若者が主体となって事業を企画・実施できる組織である。新城市は若者議会，相模原市南区は若者参画プロジェクト実行委員会（若プロ），遊佐町は少年議会である。これによって，イベントや事業を自分たちで企画・実施できるようにするものである。

　新城市若者議会は，2015年4月1日から施行した新城市若者条例・新城市若者議会条例に基づき設置された市長の附属機関である。若者20名で構成され，

図表5-2　新城市若者議会

若者議会		
	法的性質	市長の附属機関
	定　数	20名
委　員		
	年齢要件	おおむね16歳から29歳までかつ市内に在住，在学または在勤する者
	任　期	1年（ただし，再任は妨げない）
	報　酬	3,000円／回
	委員の地位	非常勤特別職公務員

（出典）　著者作成。

市の予算1,000万円を財源として，若者が活躍できるまちを実現するための政策を練り上げ市長に答申する。条例で位置付けられた若者議会は全国初で，新城市に対する様々な意見・想いを持つ若者同士が新城市について語り合いながら，「若者が活躍でき，市民全員が元気に住み続けられ世代のリレーができるまち」について若者の視点で考える場となっている。なお，若者会議ではなく，若者議会としたのは，単なる提案にとどまらず，予算的裏付けを持った政策提案とするためである。

【参考条文】

（若者議会）

第10条　市長は，若者総合政策の策定及び実施に関する事項を調査審議させるため，新城市若者議会を設置する。

2　別に条例を定める。

18　自主的な活動の機会，場づくり

【条例試案】

（自主的な若者参画政策活動の支援と協力）

第21条　市は，若者，市民，地域活動団体，民間非営利公益活動団体及び事業者等が取り組む若者参画政策に関する自主的な活動を促進するため，

若者の自主的な企画及び運営による活動が行われるための機会を確保する
よう努めるとともに必要な情報提供，支援及び協力を行うものとする。

2　市及び学校等は，若者の社会体験活動，国際交流活動等の充実を図ると
ともに，これらの活動等を通して，年齢，世代，文化等を超えた人と人と
の広い交流の機会を確保するよう努めるものとする。

【解説】

　若者は，若者らしい感性で問題を受け止める。新城市の若者政策は，海外で
自分のまちのことを自分の言葉で語れないことを「悔しい」と感じた若者がい
たことが，出発点になっている。「自分を変えたい」，「自分を磨きたい」とい
う欲求は，若者ならば誰でも感じる「普通」の感性であるが，こうした若者た
ちが起動するための「居場所」と「出番」をつくるのが，行政や学校等の役割
である。そうした機会をつくれば，若者たちは，自分たちで，切り開いていく。

19　推進会議

【条例試案】

（若者政策推進会議）

第22条　市は，若者参画政策を推進するために，市長の附属機関として，
若者政策推進会議（以下「推進会議」という。）を置く。

2　推進会議は，若者，市民，地域活動団体，民間非営利公益活動団体の代
表及び事業者など若者参画政策に識見を有する者をもって構成する。

3　前各項に定めるもののほか，推進会議の組織及び運営に関し必要な事項
は，規則で定める。

【解説】

● 若者に関する協議会等の設置

　若者参画条例をつくっただけにせずに，内容が適正に行われているかを確認
し，実効性を担保する仕組みが重要である。首長や職員の自律だけではなくて
外部の推進機構を導入することで，より一層の実効性を確保することができる。

　子ども・若者育成支援推進法第19条第1項では，関係機関等により構成さ

れる子ども・若者支援地域協議会の設置の努力義務が課されている。構成員は，有識者と同時に若者もメンバーである。地域活動団体，青少年保護育成団体，地元企業，若者支援を行うNPOなど，若者と接触し，若者参画政策に関心のある組織・団体なども構成メンバーである。

● 新城市では

推進会議の設立にあたっては，組織の乱立を避け，極力シンプルで分かりやすい仕組みにすることも重要である。また推進組織をつくっても，形式だけにならないかという危惧もある。制度化する場合は，形式に堕さずに実効性が伴う仕組みの構築が不可欠である。

既存の組織を活用するものとして，新城市若者条例第16条では，市長は，「若者総合政策その他若者が活躍するまちの形成の推進に関する事項について，市民自治会議に諮問することができる」と規定されている。市民自治会議は，新城市自治基本条例の実効性を担保する組織で，有識者，行政区長の代表，地域協議会会長の代表，公募市民など15名から構成されているが，若者政策を推進する役割も担っている。

年5回程度開催する市民自治会議の中で，自治基本条例のチェックと同時に，若者総合政策と若者議会の活動報告を受け，若者総合政策が着実に実行されているか，課題はどこにあるかをチェックし，アドバイスすることが役割である。

【参考条文】

（若者活躍推進体制）

第16条　市長は，若者総合政策その他若者が活躍するまちの形成の推進に関する事項について，自治基本条例第24条第1項に規定する市民自治会議に諮問することができる。（新城市若者条例）

20　推進体制・組織づくり

【条例試案】

（推進体制の整備）

第23条　市は，若者参画政策を総合的かつ具体的に推進するための体制の

整備とともに，若者，市民，事業者，若者支援団体及び関係機関等と連携
し，相互に協力する体制の整備を図るものとする。

【解説】

● 専担組織の設置

行政内部では，若者参画政策関連の事業は，いくつかの部署にまたがること
になる。それらを束ね，推進する専門部署を新設するものである。

新城市では，若者参画政策の専担組織として，若者政策係（兼務）を新設し
ている。若者政策係は，若者参画政策の総合窓口の役割を果たしている。専担
組織をつくることで，継続的な事業展開が可能となり，より的確な情報収集，
関係機関との綿密な連携・協力，即応性のあるプロジェクト事業が展開できる
ようになる。

若者参画政策の専担組織は，ひきこもり対策や就労支援の担当部署とは別組
織として，政策部門に置くべきだろう。これによって，自治体政策全体を視野
に入れた事業展開が可能になる。

● 行政の機構を横断した若い職員を中心とした会議

若者参画政策は，持続可能な自治経営のために不可欠な政策であるので，次
の自治経営を担う若手職員に，とりわけ関心を持ってもらいたい。また施策内
容の検討にあたっても，若者の視点に立って課題を見つけ，対応策を検討する
ことが望ましい。そこで，若手職員を中心とした行政機構を横断した会議を設
けて若者参画政策に関する施策を計画し，実行することも有効な手段である。

若い職員が若者と一緒に施策を実行する中で，そこから新たな交流が生まれ
ることが期待できる。それが行政やまちづくりに関心を持つ若者が増えていく
きっかけにもなるだろう。

● 職員の研修

先進的取り組みを行っている自治体職員に共通するのは，若者参画政策の意
義に対する理解が深く，事業に取り組む姿勢に熱意が感じられる点である。若
者参画政策は新しい政策であり，関連する自治体職員の積極性が求められる。

そのため，自治体職員を対象とした若者参画政策に関する研修を行い，若者
参画政策の意義や必要性についての理解を深めることが重要となる。若者参画

政策は，次の時代の自治経営にとって，不可欠な政策であるので，管理職に対する研修も充実する必要がある。

【参考条文】

（若者活躍推進体制）

第16条　市長は，若者総合政策その他若者が活躍するまちの形成の推進に関する事項について，自治基本条例第24条第1項に規定する市民自治会議に諮問することができる。（新城市若者条例）

21　評価

【条例試案】

（評価の実施）

第24条　市は，目標に照らし，若者参画政策の取り組みの有効性，効率性などについて評価を実施する。

2　市は，前項の評価の結果を分かりやすく市民に公表し，若者参画政策の施策や事務執行に反映するものとする。

【解説】

　評価は，政策（施策，事務事業）について，あらかじめ設定した基準や指標に照らして，その達成度や成果，執行状況の妥当性等を判定するものである。

　若者参画政策も評価の対象になる。むしろ，若者の取り組みということで，評価が甘くなりがちであるが，若者参画政策といえども政策であり，効果的・効率的でなければならない。また評価の結果については，市民に分かりやすく公表するのが基本である。言うまでもないことであるが，評価は行うだけでなく，その成果を政策等に反映させることが重要である。

22　見直し

【条例試案】

（条例の見直し）

第25条　市は，社会経済情勢の変化，若者参画政策の進捗状況等を勘案し，この条例の規定について4年を超えない期間ごとに検討し，実効性の確保のために，見直しを行わなければならない。

2　市は，この条例を見直そうとするときは，市民の意見が反映できるように適切な措置を講じなければならない。

【解説】

若者参画条例が，その役割を十分に果たすように，常に条例を見直し，改善することは当然のことである。しかし，実務的には，条例改正は面倒な作業であるから，実務との多少の乖離があっても，解釈や運用で糊塗するということが行われる。見直し規定は，自動的，義務的に見直す機会をつくるもので，改正作業を後押しする機能を果たすものである。

若者参画条例に若者や市民等が関心を持ち続け，若者参画政策を着実に充実させていくことが大切であるが，定期的な見直し機会は，あらためて条例の存在を確認するよい機会である。見直しの機会を積極的に活用していくべきである。

23　委任

（委任）

第26条　この条例の施行に関し必要な事項は，市長が別に定める。

第6章　若者参画条例のつくり方

1　条例制定プロセス

(1)　政策形成プロセス──3つのステージ

　若者参画条例も政策の1つであるから，この条例制定過程は，他の政策の決定プロセスと基本的には同じである。

　自治体の政策形成プロセスは，2つの領域に分かれている。

　第1が，政策決定プロセスである。政策主体が政策課題を発見して，決定するまでの過程で，政策づくりの本筋の部分である。

　この政策決定プロセスは3つのステージに分かれている。①政策の創生→②政策の錬成→③政策の公定である。

　政策の創生とは，政策課題を発見・認識し，政策課題のノミネートテストを行い，政策課題として設定するまでの段階である。

　政策の錬成とは，達成目標を設定し，現状の実態や課題を調査・分析し，複数の施策メニューを検討して，施策メニューを選定（内定）するまでの段階である。この錬成段階が政策づくりのハイライトである。

　政策の公定とは，決定された政策を公表し，政策の公式審査を行って，政策として決定する段階である。条例の制定手続きとして，地方自治法等に規定されているのは，内部決定された条例が議会審査されるプロセスのみである。

(2)　デュープロセス

　第2が，政策の適正化プロセスと言うべきものである。政策主体が政策をつ

くっていくプロセスと並行して，政策形成過程を公開し，市民参加を経るプロセスである。これらは政策づくりそのものではないが，政策が正当性を獲得するためには不可欠なプロセスである。最近では，このプロセスが特に重要性を増してきている。

政策の種類や内容，時間的制約等によって，多少の違いはあるが，政策はこうしたプロセスを経ていく。逆に言えば，このプロセスを経てつくられた政策が適正な政策決定と言える。

2 政策課題の設定

(1) アジェンダ設定の難しさ

ア 政策の窓モデル

政策形成モデルは，いくつかあるが，このうち政策の窓モデルは，[1] J・W・キングダン（Kingdon）によって提示された理論である。

このうち，アジェンダ（政策課題）設定過程について，キングダムは，問題，政策，政治という3つの流れに整理している。

① 問題の流れとは，いくつかの政策問題の中から，ある特定の課題が注目され，アジェンダとして関心を集めていく過程である。事件や事故などの注目が集まる出来事，統計資料など社会指標の変化，政策の評価結果などによって，問題として認識される。

　若者参画政策では，少子化や超高齢化の進展，シルバーデモクラシーをめぐる問題，とりわけ地方創生で，若者が注目されるようになった。

② 政策の流れは，いくつかのアイディアの中から特定のアイディアが政策案として提案される過程である。実現可能性を有し，政策コミュニティの理念・価値と合致するアイディアや政策案が残っていく。

③ 政治の流れは，様々なアクターの影響によって，特定のアイディアが政策として位置付けられる過程である。世論の動向，選挙とその結果，利益

---

1) キングダンの「政策の窓モデル」については宮川教授による簡潔な紹介がある。宮川公男『政策科学入門〔第2版〕』東洋経済新報社，2002年，219-220頁。

図表6-1　政策の形成プロセス

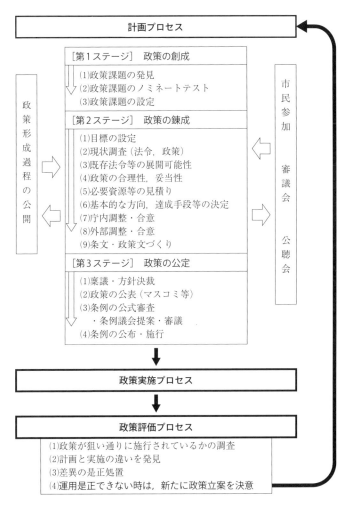

（資料）　著者作成。

団体による圧力，官僚機構や委員会のセクショナリズムなどが影響を与えるとされる。この中で，政治や社会を覆うムードや世論が大きな影響力を持っている。

これら3つの流れが合流する時，つまり問題を認識し，解決案が用意され，政治的に好機な時に政策の窓が開くとする。

イ　若者参画政策──アジェンダ設定の難しさ

若者参画政策は，アジェンダ設定が難しいテーマである。

問題の流れという点では，若者参画政策の必要性や切迫性，その本質的意味に思いが至っているかどうかによって決まってくる。かつて高度成長期，当の若者が，あえて政策決定に参加しなくても，若者の利益や将来進路は，それなりに確保される時代を過ごしてきた大人たちにとっては，今日，若者が抱える困難性や若者参画政策の必要性をリアリティを持って理解するのが容易ではないからである。

政策の流れでは，政策は，それを理解し，求める人が相当数いなければ，政策課題として設定できない。先行事例等が十分でなく，若者参画政策を解説したテキストもない時は，首長や自治体職員が，政策完成までのロードマップをイメージしにくいと思われる。

政治の流れという点では，仮に首長や自治体職員が個人として，若者参画政策の意義や必要性を十分に理解できたとしても，議会や世論が，これを新たな政策として立案すべきだという流れ，少なくとも暗黙の後押しがなければ，これを施策として構想することもできない。

むしろ，若者に政策の光をと言うと，すぐに困っているのは高齢者だという声が上がり，実際，選挙になると，有権者数でも投票率でも，若者よりは高齢者の方が多いことから，あえて若者参画政策を選択するということは容易ではないからである。

⑵　どのように乗り越えるか

ア　若者参画政策の意義を理解する

若者参画政策の条例化にあたっては，まず市民や行政が，若者問題の意味や深さをリアルに認識していることが出発点である。

人口減少・超高齢時代に入り，この社会を支える若い世代の声が，政策決定に直接に反映しない社会は，きわめて不自然だし，若者参画政策を用意してい

ない政治・社会は，早晩，活力を失い，持続していかない。つまり若者参画政策は大げさな話ではなく，次の時代の担い手である若者を抜きには，未来を語れないという簡単な話であるが，あまりに当然すぎて，逆に問題の意味や深さをリアルに理解するのが難しくなっている。これを打開するには，自らの住むまちの人口減少や高齢化という切り口から，まちの未来を考えてみるとよいであろう。

イ　市長のイニシアティブ・マニフェスト

　現時点では，若者参画条例は，自治体の標準装備になっていないので，若者参画条例をボトムアップでつくり上げていくのは必ずしも容易ではない。「若者より高齢者である」という声は，根強いものがあり，それゆえ，市長のイニシアティブが重要になる。

　新城市では，2013年11月の市長選挙で，穂積亮次新城市長の第3期マニフェストとして若者参画政策が打ち出された。

　穂積市長は，マニフェストの意義について，「総合計画の実施を積み上げていく「行政の継続性」と，現実の進行のなかで新たに浮上してくるテーマを合意形成の場に乗せていく「政治の変革力」とを結合するのが，現職者のマニフェスト選挙だと考えています。若者政策というまだあまり聞きなれない事業を市政推進の柱に加え，予算化・条例化までを可能にしたのは，選挙公約に掲げて信を問うたからこそでした」[2]と言うが，マニフェストとして明示されることで，首長の意志が若い職員に拡がり，若者参画政策に対する職員の主体的な参画となり，日常生活で培ったネットワークを媒体にあちこちに伝播することになる。

　若者参画政策は，首長のセンスが問われる政策と言える。

3　スケジュール設定・管理

政策条例づくりにはタイミングがあり，時期を外すことなく，適切に事務・

---

2)　松下啓一・穂積亮次編『自治体若者政策・愛知県新城市の挑戦――どのように若者を集め，その力を引き出したのか――』萌書房，2017年，103頁。

事業を行っていく必要がある。そのためのスケジュールの設定・管理も重要である。

スケジュールの策定にあたっては、首長や議員の選挙、職員の異動期間、予算要求時期、定例議会の開催時期等が配慮すべき事項である。例えば、選挙サイクルでは、市民に負担を負わせるような政策は、首長選挙後2年目に行うなどといった暗黙のルールがあるが、若者参画政策のように、市民に希望を与えるような政策は、取り立てて、政策提案時期の制約はないであろう。

近年、とりわけ重要なのが市民の参加である。市民参加には一定の時間がかかることから、これらを考慮した一覧できるスケジュール表をつくり、関係者で共有しながら進行管理をしていくことになる。

新城市では、1年間の検討で、若者条例と若者議会条例を制定した。一方、相模原市南区では、5年間をかけて、若者参画ルールをつくり上げた。これは区民会議という常設ではない市民組織が、担ったためである。

若者参画政策の策定期間については、特に正解というのはないが、実際には、勢いというのも大事である。2年も3年もかけると間延びしてしまうし、市民の関心を持続するのも困難である。両者の調和をまちごとに図っていくことになる。

4 現状の調査・把握

(1) 調査事項

若者参画条例の政策事実をしっかりと裏付けるためには、以下に掲げるような調査を行う必要がある。

①理論・理念、②既存の法律・条例等、③実態（現行制度の運用も含む）、④若者や市民、事業者等の意識・意向、⑤他自治体等における先行事例、⑥海外事例、⑦社会やマスコミ等の動向、⑧首長の意向（マニフェスト等）、⑨行政内部の事情（総合計画等）、⑩国や都道府県の動向、⑪政策利害関係者（事業者・議員等）の意向・動向等の調査を行う必要がある。

(2) 先進事例

ア 他自治体の例

　先進的に取り組んでいる他の自治体の事例等を調査し，若者参画政策における重要な構成要素や成功への条件を学ぶものである。

　相模原市南区では，地元の大学（相模女子大学）に，調査委託を行い，全国の地域活動事例を調査している。

　新城市では，市民自治会議のもとに，作業チームとして若者政策ワーキングを設置して，先進事例を調査し，実際に現地視察や体験を行っている。福井県鯖江市JK課では，高校生が自主的にまちづくりに参加するきっかけづくりを学び，長野県小布施町の小布施若者会議では，運営スタッフとしての体験も行っている。

イ 海外事例の調査

　海外事例も参考になる。新城市の場合は，新城市の若者たちが，イギリスのニューカッスル・アポン・タイン市で開催された第8回世界新城アライアンス会議へ参加した。会議の参加国には，若者議会なるものが存在し，若者が集まり自分たちのまちについて考え，なすべきことを行動に移していくということが日常的に行われていることを知ったことが発端の1つである。遊佐町の少年議会が始まったきっかけは，町長がイギリスの地方都市，ミドルズブラ市で行われている事業を参考に，若者達がいきいきと輝く町を創る，若者の声を市政に反映させたいとの願いから始まった。

(3) 実態・実情の調査

ア 人口ビジョンから若者を見る

　地方版総合戦略のまち・ひと・しごとの創生において，効果的な施策を企画立案するにあたっての重要な基礎データとして，全国の自治体で人口ビジョンが策定された。

　人口ビジョンで，顕著な動向を示すのが若者である。大学のない自治体では，大学生世代（18〜22歳）の大幅な転出超過になるが，例えば相模原市のような市内だけでも7つの大学，短大がある自治体では，この世代の大幅な転入超過と

第6章　若者参画条例のつくり方　　167

なる。

　若者参画条例の策定にあたっては，自分たちのまちの若者世代の動向を分析することが必要である。

　新城市では，若者参画政策の対象の若者をおおむね12歳からとしたが，これは市内に大学がないために，大学生世代が大幅な転出超過になるので，その前の中学生，高校生の時から，まちに関心を持ってもらおうという狙いがある。

イ　若者参画政策をつくる理由の明確化

　なぜ若者参画政策をつくるのか，その理由を明確にしておく必要がある。この「なぜ」の部分は，アジェンダ設定の際に真っ先に問われるし，若者参画政策を体系化する際には，直接的に影響してくる。

　相模原市南区では，最初に，区内のすべてのまちづくり会議に諮って，それぞれの地区の抱える現状と課題を報告してもらうところから始めた。その結果，共通する部分として，「若い世代のまちづくりへの参画促進」がテーマとして浮き上がってきたので，爾後の検討は，ぶれることなく行うことができた。

ウ　若者をめぐる課題の把握

　若者参画政策を施策化するにあたって，課題の把握をきちんと行うことである。

　最も好ましいのは，実際に若者が地域活動等への参加を通して，若者参画政策の課題を把握することである。相模原市南区では，課題を調査するために，学生がそれぞれ希望する地域活動に企画段階から参加した。これは平成25年から平成28年まで4年間行われたが，テーマの進展や議論の深まりとともに，調査内容も変わっていった。

　若者が参画するきっかけ，あるいは，参画した若者が心がけること，また受け入れ側が配慮することなど，一つひとつ整理していった。

⑷既存法令との関係

ア　法令提供データシステム

　条例は法律の範囲内で制定できる（憲法94条，地方自治法14条1項）。そこで，法令適合性テストが必要になる。

総務省の法令提供データシステムで「若者」を検索すると，5つの法律が出てくる（平成29年3月1日現在）。

- 持続可能な社会保障制度の確立を図るための改革の推進に関する法律
- 子ども・若者育成支援推進法
- 発達障害者支援法
- 青少年が安全に安心してインターネットを利用できる環境の整備等に関する法律
- 内閣府設置法

このうち若者を正面から捉えた法律は，子ども・若者育成支援推進法のみである。

イ　法令適合性テスト

　子ども・若者育成支援推進法については，すでに述べたが，若者参画政策に関する部分は，抽象的記述にとどまっている。他方，若者参画条例では，若者参画政策に関する事項について，詳細かつ具体的に記述している。すでに法律があるのにもかかわらず，このような条例を制定することができるか否かが問題になる。

　条例の法令適合性は，徳島市公安条例判決（昭和50年9月10日大法廷判決）が基準になっている。

　この基準によると，法律と条例が，別の目的の場合は，条例が法律の規定の意図する目的と効果を何ら阻害することがない時は，その条例は，違法の問題は生じないとしている。

　子ども・若者育成支援推進法は，総合的な子ども・若者育成支援のための施策を推進することを目的とする法律である。これに対して，若者参画条例は，若者が社会的に自立し，存分に活躍するまちの形成を促進することが目的である。目的の一部は共通するが，全体について，目的が異なるケースと言える。この場合，法律の目的と効果を阻害しないと考えられるので，若者参画条例は，違法の問題は生じないと言える。

5 資源の調達

(1) 動く仕組みを持つ条例とする

しばしば誤解を受けるが，条例づくりとは条文づくりではない。むろん，条例文言の一言一句は大切であるが，裁判規範となる法律とは違って，政策実現の道具である政策条例の場合は，実際に社会を動かし，市民を幸せにする内容や仕組みの方が重要である。若者参画条例の制定にあたっては，条例を動かす仕組みづくりに注力してほしい。

同時に，若者参画条例の場合は，若者参画政策の関係者が，この条例は自分たちのルールであると共感して初めて機能するから，若者を含む市民の理解と共感を獲得することにも力を注いでほしい。

(2)活動する若者がいるのか

どんなに優れた理念や理想を示しても，それを実行する裏付けを持っていないと結局，絵に描いた餅になってしまう。目標の達成に必要な資源をどのように調達するかがポイントになる。

若者参画政策でも，もの，金，場所，情報等が必要になるが，最も基本になるのは人である。若者をどのように集めるか，若者に参加してもらうかである。

若者と言うと，すぐにＳＮＳと言われるが，インターネットで情報発信すれば若者が集まってくるわけではない。相模原市南区作成の「まちづくりのトリセツ」(平成29年7月) は，若者参画のノウハウ集である。参考にするとよいだろう。

6 調整・合意

(1) 全庁的な取り組み

若者参画政策は，行政内のいくつかの部署に関係する。若者のひきこもり対策や就労支援の担当部署と連携を取ることにより，多角的に若者を支援でき，若者の社会参画事業の推進につながる。

若者参画事業の総合窓口として，若者政策係などの専門部署を設置することで，実践的かつ継続的な事業を展開することが可能となる。専属職員により的確な情報収集や関係機関との綿密な連携，即時性のあるプロジェクトを展開できるだろう。

(2)　議会の意向

　条例化をする場合には，議会の議決が必要になる。若者参画のための予算をつける場合も，議会の賛同が必要になる。その意味で，議会の賛同はポイントになる。

　議会は，議員一人ひとりに，多種多様な意見があり，若者参画政策についても，様々な議論が想定される。

　しかし，次世代が行政やまちづくりに参画しない社会は，持続しないことは自明なので，若者参画政策を体系的に位置付け，本気になってやるという提案をするならば，部分的な反対意見はあっても，根本のところで否定する議論は大勢を占めることはないだろう。

(3)　行動予算の確保

　遊佐町の少年議会は45万円の独自予算を持っている。新城市の若者議会には，提案する事業の財源として1,000万円を見込んでいる。

　単に若者が議論し検討したことを表明するだけにとどまらず，次年度，具体的に実施することを見据えた事業を提案することを意味する。その際には，税金であるので，本当に必要不可欠か，費用対効果，公平性，平等性などを考慮し予算を組むことになる。

7　デュープロセス

(1)　行政だけでつくらない

　この条例は，若者の思いが入り，また若者参画政策の関係者全員の思いが入り，それをひとつにまとめるものになっていることが重要である。そのために

第6章　若者参画条例のつくり方　171

大切なのは条例の策定手順である。役所だけでつくってはいけないし，学識者がまとめたものでもいけない。また若者だけでつくってもいけない。若者，市民，行政，議会の全員が参画し，協力しながらつくることが必要である。

　その際，何のために若者参画条例をつくるのかという基本を常に忘れずに，また迷った時には，その原点に戻ることが大事である。

(2)　関心のない人も関心を喚起するような条例づくり

　若者参画条例の検討過程では，専門のホームページを開設して，同時進行で，検討状況を知らせるのは必ず行うべきことである。今，何が議論され，何で悩んでいるのか，その肉声を市民に伝えることが最も重要なポイントである。

　若者参画条例の立案段階では，パブリック・コメントを行い，市民への周知を図り，市民からの優れた提案を取り入れることも欠かせない。広報紙には，小さくてもよいから若者参画条例の基礎や検討の過程を知らせるコーナーをつくりたい。若者参画条例について，説明する機会があれば，地域ごと，職域・団体ごと，率先して出かけてもらいたい。若者参画条例に関心のない人を引き込む努力を忘れないでほしい。

関連条例

○新城市若者条例

平成26年12月24日
条例第56号

　新城市のまちづくりの指針である新城市自治基本条例は，市民が主役のまちづくりを推進することで，元気に住み続けられ，世代のリレーができるまちをつくることを目的としている。

　「市民が主役のまちづくり」は，地域活動，市政等への市民の参加が促進され，多様な世代の市民の思いや意見が反映されて実現されるものである。

　「世代のリレーができるまちづくり」は，次代の社会を担う若者の人口が減少している状況下においては，市民全体で若者を応援し，若者が，学校や会社に限らず，地域活動，市政等のあらゆる場面で，より一層その能力を発揮して活躍することができる環境を整え，このまちに住みたいと思える魅力あるまちをつくりあげることで実現されるものである。

　このような認識の下，多くの若者が思いや意見を伝える機会を確保し，さまざまな場面でこれらを反映する仕組みを新たにつくるとともに，若者も自ら考え，その責任の下，主体的に行動することにより「若者が活躍するまち」の形成を目指すことで，真に市民が主役となるまちと世代のリレーができるまちを実現するために，ここにこの条例を制定する。

（目的）

第1条　この条例は，若者が活躍するまちの形成の推進について，基本理念を定め，並びに若者，市民，事業者及び市の責務を明らかにするとともに，若者が活躍するまちの形成の推進の基本となる事項を定めること等により，総合的に若者が活躍するまちの形成の推進を図り，もって市民が主役のまちづくり及び世代のリレーができるまちの実現に寄与することを目的とする。

（定義）

第2条　この条例において，次の各号に掲げる用語の意義は，当該各号に定めるところによる。

　(1)　市民　新城市自治基本条例（平成24年新城市条例第31号。以下「自治基本条例」という。）第2条第2号に規定する市民をいう。

173

⑵　若者　おおむね13歳からおおむね29歳までの者をいう。

（基本理念）

第3条　若者が活躍するまちの形成の推進は，次に掲げる事項を基本理念として行わなければならない。

　⑴　若者が地域社会とのかかわりを認識し，他者とともに次代の地域社会を担うことができるよう社会的気運を醸成すること。

　⑵　若者の自主性を十分に尊重しつつ，その自主的な活動に対して必要な支援を行うこと。

　⑶　若者，市民，事業者及び市が，それぞれの責務を果たすとともに，相互の理解と連携のもとに，協働して取り組むこと。

（若者の責務）

第4条　若者は，前条の基本理念（以下「基本理念」という。）にのっとり，自らがまちづくりにおいて活躍が期待される主体であることを認識し，地域の文化，歴史等に関する理解及び関心を深めるとともに，自主的な活動に取り組み，並びに市民及び事業者が取り組む活動並びに市が実施する施策に積極的に参加し，協力するよう努めるものとする。

（市民の責務）

第5条　市民は，基本理念にのっとり，若者に対して自らが取り組む活動への参加を促し，並びに日常生活及び社会生活に関する必要な情報の提供，助言その他の支援を行うとともに，市が実施する若者が活躍するまちの推進に関する施策に協力するよう努めるものとする。

（事業者の責務）

第6条　事業者は，基本理念にのっとり，その事業活動に従事する若者に対して事業活動に関する必要な情報の提供，助言その他の支援を行い，並びに若者の自主的な活動及び市民が取り組む活動への参加の機会を確保するよう努めるとともに，市が実施する若者が活躍するまちの推進に関する施策に協力するよう努めるものとする。

（市の責務）

第7条　市は，基本理念にのっとり，若者が活躍するまちの形成の推進のために必要な施策を策定し，及び実施しなければならない。

2　市は，若者，市民及び事業者と連携を図りながら若者が活躍するまちの形成の推進に取り組むものとする。

（若者総合政策）

第8条　市長は，若者が活躍するまちの形成の推進に関する施策を総合的かつ計画的に実施するための計画（以下「若者総合政策」という。）を定めなければならない。

2　若者総合政策は，次に掲げる事項を定めるものとする。

(1) 若者が活躍するまちの形成の推進に関する基本的な方針

(2) 市が実施する施策の内容

(3) 前2号に掲げるもののほか，若者が活躍するまちの形成を総合的かつ計画的に推進するために必要な事項

（若者の意見の収集等）

第9条　市は，若者が市政に対して意見を述べることができる機会を確保し，市政に反映するよう努めるものとする。

（若者議会）

第10条　市長は，若者総合政策の策定及び実施に関する事項を調査審議させるため，新城市若者議会を設置する。

（若者の訪れる機会等の提供）

第11条　市は，若者が多く訪れるような機会又は場所を提供するよう努めるものとする。

（活動等に対する支援措置）

第12条　市は，若者，市民及び事業者が取り組む活動であって，若者が活躍するまちの形成の推進に資すると認めるものに対して，予算の範囲内において，必要な財政上の措置を講ずるよう努めるものとする。

2　市は，若者，市民及び事業者が若者が活躍するまちの形成の推進に関する活動に取り組むに当たって必要があると認めるときは，管理する施設，設備及び物品の貸付け等の措置を講ずるよう努めるものとする。

（普及啓発等）

第13条　市は，若者が活躍するまちの形成の推進に関し，市民及び事業者の関心を高め，その理解と協力を得るとともに，若者，市民及び事業者のそれぞれが取り組む活動に対して相互の参加が促進されるよう，必要な啓発活動を行うものとする。

2　市は，若者総合政策の実施状況のほか，若者，市民及び事業者が取り組む活動のうち，若者が活躍するまちの形成の推進に特に資すると認めるものの実施状況について，インターネットの利用その他の方法により公表するものとする。

（表彰）

第14条　市長は，新城市功労者表彰条例（平成19年新城市条例第10号）に定めるところにより，若者が活躍するまちの形成の推進に貢献し，その功績の顕著な者を表彰することができる。

（若者活躍推進月間）

第15条　市は，若者が活躍するまちの形成の推進を図るため，若者活躍推進月間を定めるものとする。

2　市は，若者活躍推進月間において，その趣旨にふさわしい施策を実施するよう努め

関連条例　175

るものとする。

（若者活躍推進体制）

第16条　市長は，若者総合政策その他若者が活躍するまちの形成の推進に関する事項
について，自治基本条例第24条第1項に規定する市民自治会議に諮問することができ
る。

（委任）

第17条　この条例の施行に関し必要な事項は，市長が別に定める。

附　則

この条例は，平成27年4月1日から施行する。

○新城市若者議会条例

平成26年12月24日
条例第57号

（趣旨）

第1条　この条例は，新城市若者条例（平成26年新城市条例第56号。以下「条例」と
いう。）第10条に規定する新城市若者議会（以下「若者議会」という。）に関し必要な
事項を定めるものとする。

（所掌事務）

第2条　若者議会の所掌事務は，次に掲げるとおりとする。

⑴　市長の諮問に応じ，条例第8条第1項に規定する若者総合政策（以下「若者総合
政策」という。）の策定及び実施に関する事項を調査審議し，その結果を市長に答
申すること。

⑵　前号に掲げるもののほか，若者総合政策の推進に関すること。

（組織）

第3条　若者議会は，委員20人以内で組織する。

（委員）

第4条　委員は，次に掲げる者のうちから，市長が委嘱する。

⑴　市内に在住，在学又は在勤する若者であって，おおむね16歳からおおむね29歳
までのもの

⑵　前号に掲げる者のほか，市長が必要と認める者

2　委員の任期は，1年とする。ただし，補欠委員の任期は，前任者の残任期間とする。

3　委員は，再任されることができる。

（議長及び副議長）

第5条　若者議会に議長及び副議長を置く。

2　議長は，委員の互選によって定め，副議長は，議長が指名する。

3　議長は，会務を総理し，若者議会を代表する。

4　副議長は，議長を補佐し，議長に事故があるとき，又は議長が欠けたときは，その職務を代理する。

（会議）

第6条　議長は，若者議会を招集し，その会議の議長となる。

2　若者議会は，委員の半数以上が出席しなければ会議を開くことができない。

3　若者議会の議事は，出席委員の過半数で決し，可否同数のときは，議長の決するところによる。

4　若者議会は，必要があると認めるときは，その会議に関係者を出席させ，その説明又は意見を聴くことができる。

（部会）

第7条　若者議会に，部会を置くことができる。

2　部会は，議長が指名する委員をもって組織する。

3　部会に部会長を置き，部会の委員の互選によってこれを定める。

4　部会長は，部会の事務を総理し，部会を代表する。

5　部会長に事故あるとき，又は部会長が欠けたときは，あらかじめ部会長の指名する部会の委員が，その職務を代理する。

6　前条の規定は，部会について準用する。この場合において，同条第1項中「議長は」とあるのは「部会長は」と，「若者議会」とあるのは「部会」と，同条第2項中「若者議会」とあるのは「部会」と，「委員」とあるのは「部会の委員」と，同条第3項及び第4項中「若者議会」とあるのは「部会」と読み替えるものとする。

（庶務）

第8条　若者議会の庶務は，企画部市民自治推進課において処理する。

（委任）

第9条　この条例に定めるもののほか，必要な事項は，市長が別に定める。

○金沢市における学生のまちの推進に関する条例

平成22年3月25日

条例第4号

目次

　前文

　第1章　総則（第1条―第8条）

第2章 学生のまちの推進に関する基本的な施策等（第9条—第18条）

第3章 学生のまちの推進に対する支援等（第19条・第20条）

第4章 学生のまちの推進体制（第21条）

第5章 雑則（第22条）

附則

　私たちのまち金沢は，明治期に，加賀藩の藩校を源流とした金沢医学館や旧制第四高等学校などが開学し，以後，数多くの高等教育機関を擁する学術文化都市として発展してきた。また，国内外から多数の学生が集まり，金沢のまちを学び舎やして自らの知恵，能力，人間性を磨くことにより，学術，文化，経済など広く各界に俊英を輩出してきた。

　学生たちは，まちなかに集い，市民と想い，談論風発するなど，日々の暮らしにおいて学生と市民とが相互に交流する姿は，にぎわいと活力の象徴として，「学生のまち・金沢」の歴史を刻み，今日に至っている。

　このような背景を踏まえ，未来に向けたまちづくりにおいて，地域社会が可能性豊かな学生を育み，学生と市民との相互の交流や学生と金沢のまちとの関係を深めながら，学生のまちとしての金沢の個性と魅力をさらに磨き高めていくことは，健全で活力に満ちた地域社会を実現し，金沢のまちが持続的に発展するうえで重要である。

　ここに，私たちは，学生のまちとしての伝統と誇りを継承発展させることにより，金沢を将来にわたり希望と活力に満ちた魅力あふれるまちとするため，この条例を制定する。

第1章　総則

（目的）

第1条　この条例は，学生のまちとしての本市の個性と魅力を磨き高めるまちづくりの推進（以下「学生のまちの推進」という。）について，基本理念を定め，並びに学生，市，市民，町会その他の地域コミュニティに関する活動に係る団体（以下「町会等」という。），高等教育機関及び事業者の役割を明らかにするとともに，施策の基本となる事項等を定めることにより，総合的に学生のまちの推進を図り，もって健全で活力に満ちた地域社会の実現と本市の持続的な発展に寄与することを目的とする。

（用語の意義）

第2条　この条例において，次の各号に掲げる用語の意義は，当該各号に定めるところによる。

　⑴　学生のまち　固有の自然，歴史，文化等とこれらのもとで醸成されてきた地域コミュニティを大切にする土壌を生かして，学生がまちを学びの場又は交流の場とし

ながら，まちなかに集い，市民と親しく交流し，及び地域における活動等に取り組むほか，市民，町会等，高等教育機関，事業者及び市が一体となって学生の地域における生活，自主的な活動等を支援することにより，学生と市民との相互の交流及び学生とまちとの関係が深まり，にぎわいと活力が創出されるまちをいう。

(2)　学生　高等教育機関に在学する者をいう。

(3)　高等教育機関　大学，高等専門学校，専門課程を置く専修学校その他の高等教育を行う機関をいう。

(4)　地域コミュニティ　一定の区域内に居住する者相互の連帯意識に基づく人と人とのつながりをいう。

(基本理念)

第3条　学生のまちの推進は，地域社会全体で学生を育む社会的気運を醸成しながら，行われなければならない。

2　学生のまちの推進は，その主体は学生であるという認識のもとに，学生の自主性を尊重しながら，その自主的な活動を促進することを基本として行われなければならない。

3　学生のまちの推進は，学生，市，市民，町会等，高等教育機関及び事業者がそれぞれの役割を認識し，これらの者の相互の理解と連携のもとに，協働して行われなければならない。

(学生の役割)

第4条　学生は，前条に規定する基本理念（以下「基本理念」という。）にのっとり，自らが学生のまちの推進の主体であることを認識し，社会的なマナーや決まりを遵守するとともに，地域コミュニティへの参加，金沢のまちについての理解を深めること等を通じて，本市が学生のまちとして持続的に発展していくために協力するよう努めるものとする。

(市の役割)

第5条　市は，基本理念にのっとり，学生のまちの推進を図るために必要な施策を策定し，及び実施しなければならない。

2　市は，基本理念にのっとり，前項の規定により策定する施策に学生，市民，町会等，高等教育機関及び事業者の意見を十分反映させるよう努めるとともに，その施策の実施に当たっては，これらの者の理解と協力を得るよう努めなければならない。

3　市は，基本理念にのっとり，学生のまちの推進に関し，町会等，高等教育機関，関係行政機関等と密接な連携を図るとともに，学生，市民，町会等，高等教育機関及び事業者が行う学生のまちの推進に関する取組について，相互の連携と協力が図られるよう必要な調整を行うものとする。

(市民及び町会等の役割)

第6条　市民及び町会等は，基本理念にのっとり，学生が参加しやすい開かれた活動の実施と当該活動への参加の呼びかけ，学生の地域における生活の支援等を通じて，日常生活等における学生との交流が深まるよう努めるとともに，本市が実施する学生のまちの推進に関する施策に協力するよう努めるものとする。

（高等教育機関の役割）

第7条　高等教育機関は，基本理念にのっとり，学生の地域コミュニティへの参加及び自主的な活動の促進，学生との協働による教育研究成果その他の知的資源を生かした地域貢献活動の推進等を通じて，学生と市民との相互の交流及び学生と金沢のまちとの関係が深まるよう努めるとともに，本市が実施する学生のまちの推進に関する施策に協力するよう努めるものとする。

（事業者の役割）

第8条　事業者は，基本理念にのっとり，学生の自主的な活動に対する支援，職場体験活動の実施等を通じて，学生の社会参加を支援するよう努めるとともに，本市が実施する学生のまちの推進に関する施策に協力するよう努めるものとする。

第2章　学生のまちの推進に関する基本的な施策等

（交流の促進等）

第9条　市は，学生のまちの推進に積極的に取り組むため，まちなかにおける学生相互又は学生と市民との相互の交流及び情報交換の促進，学生が地域における活動等に参加する機会の提供その他必要な施策を実施するものとする。

（自主的な活動に対する支援）

第10条　市は，高等教育機関，事業者等と連携しながら，学生の自主的な活動を支援するために必要な施策を実施するものとする。

（学習機会の提供等）

第11条　市は，金沢のまちについての学生の理解を深めるため，学生が金沢固有の歴史，文化等にふれあい，又はこれらについて学習することができる機会を提供するものとする。

（相談体制の整備）

第12条　市は，町会等，高等教育機関等と連携しながら，学生からの日常生活等に関する相談体制の整備を図るものとする。

（普及啓発）

第13条　市は，学生のまちの推進についての学生，市民等の理解と関心を深めるため，その普及啓発に努めるものとする。

（金沢学生のまち推進週間）

第14条　市は，学生，市民，町会等，高等教育機関，事業者及び市が一体となって学

生のまちの推進を図るため，金沢学生のまち推進週間を定めるものとする。

（金沢まちづくり学生会議）

第15条　学生は，市と協働して学生のまちの推進を図るため，学生で構成する金沢まちづくり学生会議（以下「学生会議」という。）を組織することができる。

2　学生会議は，学生のまちの推進に関し，次に掲げる活動を行うものとする。

　(1)　学生の意識の高揚を図ること。

　(2)　学生相互又は学生と市民との相互の交流及び学生の自主的な活動を促進するための施策を企画し，及び実施すること。

　(3)　その他学生会議が必要があると認める活動

（学生のまち地域推進団体）

第16条　学生，市民，町会等，高等教育機関及び事業者は，当該地域において，これらの者で構成する学生のまちの推進を図るための団体（以下「地域推進団体」という。）を組織することができる。

（学生のまち地域推進計画）

第17条　地域推進団体は，当該地域における学生のまちの推進に関する計画（以下「推進計画」という。）を策定することができる。

2　推進計画は，次に掲げる事項について定めるものとする。

　(1)　名称

　(2)　対象となる地域

　(3)　目標及び基本方針

　(4)　自主的な取組に関する事項

　(5)　その他必要な事項

（学生のまち地域推進協定）

第18条　地域推進団体は，前条の規定により推進計画を策定したときは，市長と当該地域における学生のまちの推進に関する協定（以下「協定」という。）を締結することができる。

2　市長は，協定を締結したときは，当該協定の締結に係る地域推進団体に対し，技術的な援助をし，又は予算の範囲内において，財政的な援助をすることができる。

第3章　学生のまちの推進に対する支援等

（援助）

第19条　市長は，前条第2項に定めるもののほか，学生のまちの推進を図るため必要があると認めるときは，技術的な援助をし，又は予算の範囲内において，財政的な援助をすることができる。

（表彰）

関連条例　　181

第20条　市長は，学生のまちの推進に著しく貢献した者を表彰することができる。

第4章　学生のまちの推進体制

（金沢学生のまち推進会議）

第21条　学生，市民，町会等，高等教育機関，事業者及び市は，それぞれの役割に基づいて学生のまちの推進を図るため，金沢学生のまち推進会議（以下「推進会議」という。）を組織するものとする。

2　推進会議は，この条例に基づく施策を総合的に推進するために必要な事項について協議するものとする。

3　推進会議は，学生会議，地域推進団体，関係行政機関等と密接な連携を図るため，これらの団体等をその構成員として加えることができる。

第5章　雑則

（委　任）

第22条　この条例の施行に関し必要な事項は，市長が別に定める。

附則

この条例は，平成22年4月1日から施行する。

■著者略歴

松下啓一（まつした　けいいち）
相模女子大学・夢をかなえるセンターエグゼクティブアドバイザー（前相模女子大学教授）。パートナーシップ市民フォーラムさがみはら顧問。専門は現代自治体論（まちづくり，NPO・協働論，政策法務）。
主要著作
『自治基本条例のつくり方』（ぎょうせい），『協働社会をつくる条例』（ぎょうせい），『新しい公共と自治体』（信山社），『政策条例のつくりかた』（第一法規），『図解地方自治はやわかり』（学陽書房），『協働が変える役所の仕事・自治の未来──市民が存分に力を発揮する社会──』（萌書房），『励ます地方自治──依存・監視型の市民像を超えて──』（萌書房），『若者自治体政策・愛知県新城市の挑戦──どのように若者を集め，その力を引き出したのか──』（共編：萌書房），『現代自治体論──励ます地方自治の展開・地方自治法を越えて──』（萌書房）ほか

倉根悠紀（くらね　ゆうき）
1987年生まれ。2013年座間市役所入庁。現在，福祉部生活援護課所属。

若者参画条例の提案
　　──若者が活き活きと活動するまちをつくるために──

2018年6月20日　初版第1刷発行

著　者　松下啓一・倉根悠紀
発行者　白石徳浩
発行所　有限会社 萌 書 房
　　　　〒630-1242　奈良市大柳生町3619-1
　　　　TEL (0742) 93-2234 / FAX 93-2235
　　　　［URL］http://www3.kcn.ne.jp/~kizasu-s
　　　　振替　00940-7-53629
印刷・製本　共同印刷工業・新生製本

© Keiichi MATSUSHITA, 2018（代表）　　　　Printed in Japan

ISBN978-4-86065-124-4

●〈市民力ライブラリー〉好評発売中●

松下啓一 著

市民協働の考え方・つくり方

四六判・並製・カバー装・142ページ・定価：**本体1500円＋税**

■真の市民自治・地方自治を実現するための基本概念となる「協働」について，数々の自治体の協働推進に携わる著者が，自ら経験した豊富な実例を踏まえて易しく解説。市民やNPOのイニシアティブが働き実効の上がる協働の仕組みを提起。

ISBN 978-4-86065-049-0　2009年6月刊

松下啓一 著

協働が変える役所の仕事・自治の未来
──市民が存分に力を発揮する社会──

四六判・並製・カバー装・132ページ・定価：**本体1500円＋税**

■お役所依存型や・要求・要望型自治を乗り越え，真の自治を創るパラダイムとしての「市民協働」を優しく解説。「協働は楽しく」をモットーに，みんなが幸せに暮らせる社会を次世代にバトンタッチしよう。

ISBN 978-4-86065-076-6　2013年5月刊

松下啓一 著

励 ま す 地 方 自 治
──依存・監視型の市民像を超えて──

四六判・並製・カバー装・132ページ・定価：**本体1200円＋税**

■市民が役所や議会・議員を監視・チェックする従来の地方自治を超えて，超少子高齢・人口減少社会となり，さらに私たちの生活の根本を脅かす大災害の襲来が懸念される今こそ，協働・信頼・連携に基づく新たな「励ます自治」を築き始めよう。

ISBN 978-4-86065-100-8　2016年1月刊